So spricht und feiert
Schleswig-Holstein

ist ein Leserprojekt der Zeitungen des
Schleswig-Holsteinischen Zeitungsverlages sh:z

Redaktionsleitung:
Karl-Heinz Groth und Stephan Richter

 sh:z das medienhaus   Ellert & Richter Verlag

Inhalt

Sympathisch und unverwechselbar

Ja, ja, das ewige Vorurteil: Schleswig-Holsteiner sind spröde, wortkarge Zeitgenossen, die nicht zu feiern verstehen. Alles Quatsch.
Doch der Reihe nach.

Keine Feier ohne Gespräche. Dass Nordlichter keineswegs nur das fröhliche „Moin, Moin" beherrschen, zeigt der Bestseller „So spricht Schleswig-Holstein". Innerhalb nur eines Jahres wurde der Band zu einem der meistverkauften Bücher im Land zwischen den Meeren. Die Menschen im Norden wissen eben um ihren Sprachschatz. Baden-Württemberg machte einst Werbung mit dem Slogan: „Wir können alles, außer Hochdeutsch". Die Schleswig-Holsteiner halten dagegen. „Wir können alles – einschließlich Hochdeutsch", pflegte ihr ehemaliger Ministerpräsident Peter Harry Carstensen den Regierungskollegen in Stuttgart zu antworten.
Mit der Vielfalt der Sprachen, Dialekte, Modewörter und Redewendungen lässt sich trefflich feiern. Und so verknüpft der vorliegende Band

das eine mit dem anderen. Nach wie vor erreichen uns beinahe täglich Vorschläge von Leserinnen und Lesern: Was sollte noch in unser Lexikon von Wörtern, Begriffen und Redewendungen aufgenommen werden, was ist typisch, wenn Schleswig-Holsteiner sich unterhalten? Ergänzt werden einzelne Stichworte auch in diesem Band durch kleine Geschichten und Anekdoten sowie durch Informationen zur Herkunft von Begriffen oder Redensarten. Erstmalig sind auch Beiträge der Jugendsprache mit aufgenommen worden. Sprache ist etwas Lebendiges. Das gilt auch für die Feste, die im Norden oft besonders fröhlich ausfallen. Was und vor allem wie feiern die Schleswig-Holsteiner? Bei dieser Spurensuche stießen wir auf eine ungeahnte Fülle von einmaligen Veranstaltungen, die das Bundesland so sympathisch und unverwechselbar machen.

Tauchen Sie ein in die bunte Welt der Nordlichter. Viel Spaß bei der Lektüre.

Stephan Richter *Karl-Heinz Groth*

Aal „Dor smitt sik en Aal op" (Da wirft sich ein Aal auf). Diese Redewendung vernimmt man häufig in Nordfriesland und Umgebung, wenn von besonders vorlauten Menschen in der Gesellschaft die Rede ist. Es kann damit aber auch der Hinweis auf ein unerwartetes Ereignis verbunden sein, wenn etwa unvermutet ein Hindernis zu bewältigen ist, zum Beispiel ein Kartenspiel eine unverhoffte Wende nimmt oder ein Spieler eine besonders gute Karte bekommt.

Aalversuper „Ein Fockbeker hatte einmal in Rendsburg sich für ein paar Schillinge gesalzene Heringe gekauft und seine Nachbarn darauf zu Gast geladen. Sie fanden das Essen vortrefflich und wünschten sich viele solche Fische zu haben. Der Klügste unter ihnen gab endlich den Rat, einen ganzen Korb voll aus der Stadt zu holen und sie in den Teich des Dorfes zu setzen; da würden sie sich vermehren und sie alle davon reichlich haben. Gesagt, getan. Ging nun während des Jahres ein Fockbeker am Teiche vorbei und es regte sich etwas im Wasser, lief er zu den anderen und sagte es ihnen, und alle waren des künftigen Gewinnes froh. Im nächsten Herbst ward ein großes Netz angeschafft. Aber der Klügste fand es geraten, den ganzen Teich ablaufen zu lassen. Alle standen herum und guckten nach den Heringen; aber nicht ein einziger war zu sehen, als alles Wasser schon fort war. Nur ein zierlicher Aal wälzte sich im Schlamm. Er war erhascht und alle waren darüber einig, daß er

nur ihnen die Heringe könne aufgefressen haben, dafür müsse er nun gehörig bestraft werden. ‚Laat uns em slachten un upeten', sagte
einer. ‚Dat weer em jüst (gerade) recht',
meinte ein anderer, und weil er sich einmal
gebrannt hatte, schlug er vor, ihn ins Feuer zu
werfen. ‚Brennen is slimm', sagte ein Dritter,
der einmal ins Wasser gefallen war und bald
ertrunken wäre; ‚laat uns em in de Au smieten
un em versupen; dat is mien Menung.' Alle
stimmten ihm bei, daß Ertrinken der schreck-
lichste Tod sein müsse, und man war einig,
den Aal in die Aue zu werfen. Der Bauernvogt
nahm ihn in einen Korb und alle folgten ihm;
und wie er ihn ins Wasser warf und der Aal
sich krümmte und fröhlich rechts und links
machte, rief jener aus, der den Rat gegeben
hatte: ‚Seet! Wat he sik quält!', und alle Fockbeker gingen ganz glücklich über die ausge-
führte Rache nach Hause."
Quelle: Karl Müllenhoff, Sagen, Märchen und
Lieder der Herzogthümer Schleswig, Holstein
und Lauenburg, Kiel 1845, S. 102–103.

Aap op'n Sliepsteen Die folgende Geschichte soll
sich vor Jahrzehnten in einem kleinen Dorf im
Ostholsteinischen abgespielt haben. Der Bürgermeister hatte zu seinem sechzigsten Ge-
burtstag von seinen Kindern ein Motorrad ge-
schenkt bekommen, und das sollte nun an einem Sonntagvormittag ausprobiert werden.
Viele Bewohner waren gekommen, um das
Spektakel mitzuerleben. Dem Jubilar hatte
sein ältester Sohn die einzelnen Handgriffe

geduldig erläutert, und so konnte schließlich das Startzeichen gegeben werden. Der Marktplatz sollte mehrfach umrundet werden. Alles klappte wie am Schnürchen. Die Geschwindigkeit war nicht sonderlich hoch, und so wurde Runde um Runde zurückgelegt. Alles klatschte. Der Bürgermeister machte allerdings eine merkwürdige Figur auf diesem für ihn ungewohnten Gefährt. Er hatte sein Hinterteil ein wenig angehoben und klammerte sich ängstlich, vornüber gebeugt, an dem Lenker fest. „Kiek mol, Jehann sitt dor je op't Motorrad as'n Aap op'n Sliepsteen" (Sieh mal, Johann sitzt da ja auf dem Motorrad wie ein Affe auf dem Schleifstein), juxte ein Zuschauer. Am Ende musste der Arme so lange fahren, bis ihm der Sprit ausging, denn er hatte bei all der Aufregung vergessen, wie man bremst. Mit dem Schleifstein wurden früher unter anderem Messer und Scheren geschärft. In dem Wort „Sliepsteen" ist das Verb „sliepen" (= schleifen, mittelniederdeutsch „slîpen") enthalten.

achtundachtzig Das Zahlwort „acht" wird im Plattdeutschen ohne das Endungs-t gesprochen. In Verbindung mit dem Zehner „achtzig" hieß es früher, bei älteren Leuten heute noch, „tachuntachenti" (für 88), gelegentlich auch „tachenuntachentig". Üblicher ist inzwischen die vom Hochdeutschen beeinflusste Form „achtig" oder „achunachtig".

afkleite Marie Das Attribut „afkleit" ist von „kleien" = graben, kratzen abgeleitet worden. Über eine

leidend aussehende Frau sagte man früher:
„Se süht ut as en afkleite Marie" (Sie sieht aus
wie eine abgeblätterte Maria). Dieser Vergleich
bezog sich auf das Marienbild in der Kirche,
dessen Farbe schon gehörig abgeblättert und
abgekratzt war.

afkönen „Mann, de kann aver en Stevel af!"
(Mann, der kann aber einen Stiefel ab), meinte
ein Eckernförder Fußballer staunend nach einem anstrengenden Training, als einer seiner
Mitspieler ein mit Bier gefülltes stiefelähnli-
ches Glas, ohne zu glucksen und abzusetzen,
in einem Zuge leer trank. „Stiefeltrinken" war
jahrzehntelang nach mannschaftssportlichen
Ereignissen, besonders nach Siegen, üblich.

Aggewars, Ackewars Die Nordlichter sind im Allgemeinen dafür bekannt, dass sie bescheiden
und in ihrem Auftreten zurückhaltend sind.
Viel Aufhebens um ihre Person ist ihnen eher
unangenehm und lästig. In der ehemaligen
Pädagogischen Hochschule in Flensburg/Mür-
wik gab es einen Kantinenwirt, dessen „großes
Herz" – die goldgelben Bratkartoffeln eingeschlossen – von den Studierenden gerühmt,
gelegentlich aber auch weidlich ausgenutzt
wurde. Auf die Begleichung offener Zechen
musste er manchmal wochenlang warten. Als
ihm einmal eine Studentin mit großem Wort-
schwall und kleinem Blumengebinde für seinen Langmut danken wollte, winkte er mit
den Worten „Mach da man bloß kein Aggewars von" ab. Sie sollte davon nicht so viel
Umstände machen. Diese Redewendung ist

vornehmlich in Flensburg und Angeln gebräuchlich und entstammt der Petuhtanten-
sprache, einer Mischung aus dänischem Satz-
bau und hochdeutschen Wörtern, die nur in
Flensburg gebräuchlich ist (siehe Seite 247 f.).

Ambraasch „Maak dor man bloots keen groot Ambraasch vun" (Mach davon mal bloß keine
große Ambraasch), heißt es unter anderem im
Kreis Steinburg, wenn man sagen will, dass
eine Sache, Angelegenheit der Mühe nicht
wert sei. Wie so viele plattdeutsche Bezeichnungen leitet sich das Wort „Ambraasch" vom
Französischen, in diesem Fall von „embarras"
(Hindernis, Verlegenheit, Umstände, Mühe)
ab. Der Einfluss der französischen Sprache
auf das Niederdeutsche hat besonders zu Beginn des 19. Jahrhunderts während der Napoleonischen Kriege seine sicht- und hörbaren
Spuren hinterlassen.

anschlägsch Über einen klugen, aufgeweckten
Menschen heißt es in vielen Teilen unseres
Landes: „He/se hett en anschlägschen Kopp."
(Er/sie hat einen anschlägigen Kopf, es schlägt
bei ihm/ihr sehr schnell an.)

Antertemanter Wie viele unterschiedliche Bezeichnungen es in einer überschaubaren Region
wie Nordfriesland für ein und denselben
Begriff – hier Ameise – auf Friesisch gibt, soll
im Folgenden kurz dargestellt werden.
„Antertemanter" heißt es in der Bökingharde,
also der Gegend um Niebüll, „Miir" auf Föhr
und „Müürk" auf Sylt. Auf Helgoland wiederum, Deutschlands einziger Hochseeinsel,

die zum Teil noch Friesisch sprechend ist, aber nicht zu Nordfriesland gehört, sagt man auf „Halunder" (helgoländisches Friesisch) zu Ameise „Önnerbansk". Das plattdeutsche Pendant hierzu finden wir unter dem Stichwort *Mierenlämmer.*

Appen musiziert
Schlager für einen guten Zweck

„Wo man singt, da lass' dich ruhig nieder", heißt es. Frei nach diesem Zitat pilgern jährlich Tausende in die Gemeinde Appen vor den Toren Hamburgs. Und zwar aus doppeltem Grund, denn mit dem Gesang verbindet sich eine der größten ehrenamtlichen Benefizveranstaltungen Deutschlands. Die Atmosphäre in der Sporthalle und auf dem Gelände des TuS Appen ist schier unglaublich, wenn es heißt: „Appen musiziert". Deutsche und internationale Schlagerstars stehen auf der Bühne,

das Publikum geht begeistert mit oder flaniert über das Gelände mit seinen vielen Ständen. Zwischendurch gibt der Initiator und Motor dieses einmaligen Hilfsprojekts, Rolf Heidenberger, immer wieder neue Zahlen bekannt: 100 Euro, 1000 Euro, 2000 Euro. Alles Spenden von Bürgern und Unternehmen, denn die gesamten Einnahmen von „Appen musiziert" kommen krebskranken Kindern zugute. Mehrere Hunderttausend Euro werden jedes Mal gesammelt. Veranstalter dieses Festes der Superlative, das 1990 erstmals stattfand, ist die Freiwillige Feuerwehr Appen. Alle Künstler – das „Who is Who" der deutschen Schlagerwelt – treten für den guten Zweck ohne Gage auf. Könnte es einen besseren (Spenden-) Schlager geben? *www.appen-musiziert.de*

Arfbeer Nach der Rückkehr von einer Beerdigung fand in früheren Jahrhunderten im Hause des Toten eine große Feier, ein Totenschmaus, statt. Es wurde dabei oft üppiges Essen aufgetischt, und nicht selten entwickelten sich wilde Orgien und Besäufnisse, worauf der Begriff „Arfbeer" (Erbbier) schon hindeutet. An diesen Beerdigungsfeierlichkeiten durften nur die nächsten Angehörigen teilnehmen („de Egnen"). Da in einem Dorf häufig alle Bewohner auf irgendeine Weise miteinander versippt und verschwägert waren, konnte ein solcher Leichenschmaus schon mal die stattliche Anzahl von bis zu 300 Gästen aufweisen. Eine Trauerverordnung aus dem Jahre 1739 verbot diese Auswüchse. Bekannt war das „Arfbeer" besonders im Landesteil Schleswig. Aus anderen Gegenden kennt man auch den Ausdruck „Fell versupen" (Fell versaufen).

Arfen, Bohnen, Linsen „Arfen (Erbsen), Bohnen, Linsen, de bringt den Mors (Hintern) to'n Grinsen." Mit diesem etwas derben Spruch aus dem Kreis Steinburg soll auf die folgenschwere Wirkung der Hülsenfrüchte beim Verdauungsvorgang hingewiesen werden.

Arnbeer Wir sehen, das Bier war und ist ein beliebtes Getränk in Schleswig-Holstein, denn es wurde zu fast allen Festlichkeiten gereicht. Besonders zum „Arnbeer", dem Erntefest (wörtlich „Erntebier"). Dieses Fest, das am letzten Erntetag abends mit einem besseren Essen gefeiert wurde, war der Dank für wochenlanges Mähen mit der Sense, Binden der Garben und deren Aufstellen zu Hocken. Bei schlechtem Wetter wurde mehrmals umgehockt. Das Aufstaken der Garben mit der Forke auf den Erntewagen gehörte zu den körperlich schweren Arbeiten der Männer und wurde mit einem anständigen Humpen Bier belohnt. Andere Bezeichnungen für das Erntefest waren „Fockbeer" (siehe *Fock*), „Ausköst" (Flensburg), „De grote Grütt" (Angeln) und „Arnhahn" (Krempe).

Årsmøde
Wenn der Dannebrog in die Luft steigt

Die Fahnen werden geschwungen, Lieder angestimmt – die Festgemeinde startet. Umzüge sind beim Årsmøde, dem Jahrestreffen der dänischen Minderheit, Tradition. Schon vor 200

Jahren gab es die ersten Jahrestreffen im Grenzland, damals noch nördlich der Grenze. Seit der Abstimmung 1920 feiert die Minderheit jährlich drei Tage lang in Flensburg, Schleswig und an einem Ort der Westküste. Mehr als 40 Veranstaltungen finden statt, bei denen viel gesungen und geplauscht wird. Auf dem Festplatz in Flensburg, dem dänischen Sportplatz an der Waldstraße, können Groß und Klein die Hüpfburg besetzen, kreativ werden oder auch Stockbrot backen. Die meiste Aufmerksamkeit bekommt jedoch das Programm in der Mitte des Platzes. Hier zeigen Schulen, Kindergärten und weitere Gruppen, was sie können – musikalisch und sportlich. Traditionell sind alle zum Jahrestreffen eingeladen, Mehrheit wie Minderheit. Abgeschlossen wird das Fest damit, dass die dänische Flagge, der Dannebrog, mit Ballons in die Luft steigt.

Die nächsten Jahrestreffen: 7.–9. Juni 2013,
13.–15. Juni 2014, 12.–14. Juni 2015, 10.–12.
Juni 2016 und 9.–11. Juni 2017.

Aschepel Wenn jemand meint, er würde von
Aschepel in den Hüttener Bergen über Lütt
und Oolt Bennebek und Arf nach Hamborg
kommen (also von Ascheffel über Klein und
Alt Bennebek und Erfde nach Hamburg),
dann befindet er sich gänzlich auf dem „Holtweg" (Holzweg). Er muss aufpassen, dass er
vorher die Autobahn A 7 „faat kriggt" (zu fas-
sen bekommt). In diesen Dörfern findet und
hört man noch immer die niederdeutschen
Ortsnamen und Bezeichnungen, teilweise sogar auf den Ortsschildern.

Äscher un Rüffel Geografisch nah beieinander und
von der Bedeutung her identisch, obwohl
sprachlich so weit auseinander: Beide Ausdrücke bezeichnen einen Spaten. In Breiholz
heißt er „Ascher", auch „Äscher", in Hamdorf
„Rüffel". Beide Orte sind nur durch die Eider
getrennt. Es handelt sich in beiden Fällen um
einen ursprünglich aus Eschenholz hergestellten Spaten mit spitzer oder abgerundeter
Schneide aus Eisen und breitem, offenem
Griff, den man zum Auswerfen der Gräben
auf dem Acker benutzte.

„Äscher" leitet sich von „Esche" ab, und den
Begriff „Rüffel" können wir bis auf das Dithmarscher Landrecht von 1447 zurückverfolgen. Später ist dann von „ruffele un de spa-
den" die Rede, mit denen man nichts
ausrichten konnte. Der Rüffel, heißt es bei

Mensing (Schleswig-Holsteinisches Wörterbuch), sei ein Mittelding zwischen Spaten und Schaufel.

Umgangssprachlich ist damit aber auch ein Verweis gemeint, der so erst seit dem 19. Jahrhundert bezeugt ist. Zugrunde liegt diesem Nomen das Verb „rüffeln" (grob zurechtweisen, glätten, zurechtstutzen), das uns schon im 18. Jahrhundert im niederdeutschen „Ruffel" (= Rauhobel) begegnet.

Baaskeerl in de Boddermelksupp Wenn sich jemand im Ort als Held aufspielte, obwohl er als ziemlicher Angsthase bekannt war, hieß es in manchen Landeskreisen: „Dat is en Baaskeerl in de Boddermelksupp, wenn de Klümp dor rut sünd" (Das ist ein Held in der Buttermilchsuppe, wenn die Hefeklößchen da raus sind). Buttermilch galt als minderwertig und wurde zum Beispiel zum Verfüttern der Schweine verwendet, die „Klümp" oder „Klüten" waren in der Buttermilchsuppe noch das Wertvollste. Ein „Baaskeerl in de Boddermelksupp" spielte sich also als Aufschneider auf. „Baas" nannte man früher den Meister, besonders im Zimmerhandwerk. Damit war immer der Erste, der Beste gemeint, gelegentlich hieß es auch ironisch: „De is allerwegens Baas, de kann Kattenschiet in'n Düstern rüken" (Der spielt sich überall als Erster auf, der kann sogar Katzendreck im Dunkeln riechen).

backsig Auch heute noch hört man Kinder gelegentlich jammern: „Mama, ich hab' backsige Hände." Sie haben sich möglicherweise mit Honig, Sirup oder Marmelade vollgeschmiert und empfinden das als klebrig, schmierig und eklig. Wenn das Brot „backsig" war, so war es nicht durchgebacken und blieb oft an den Zähnen haften.
Das Adjektiv „backsig" leitet sich vom Verb „backen" (kleben, haften) ab, wie wir es besonders im Zusammenhang mit dem Schnee (der Schnee backt) kennen.

Bad Segeberg: Karl-May-Spiele
Winnetou lässt grüßen

Die Kulisse ist einmalig, und schnell fühlen sich die großen und kleinen Besucher auf der Segeberger Freilichtbühne vor dem großen Kalkberg in die Welt von Winnetou und Old Shatterhand versetzt. Die Karl-May-Spiele werden seit 1952 in Bad Segeberg aufgeführt – mit wild schnaufenden Pferden, mit viel Pulverdampf und berühmten Hauptdarstellern. Pierre Brice spielte viele Jahre den Winnetou; von 2007 bis 2012 wurde er von dem in Istanbul geborenen Schauspieler Erol Sander verkörpert. Und viele andere Stars kamen immer wieder hinzu – von Mathieu Carrière oder Elke Sommer über Freddy Quinn und Martin Semmelrogge bis zu Wayne Carpendale. So wird das große, vom Reichsarbeitsdienst im Nationalsozialismus errichtete Kalkbergstadion mit seinen mehr als 10 000 Plätzen mit Leben erfüllt. Und zwar auch vor und nach jeder Aufführung, wenn die Besucher mit dem Ausflug ein fröhliches Treffen mit Freunden, Nachbarn oder Gleichgesinnten verbinden. Das gilt auch für die großen Konzerte, die auf der Freilichtbühne stattfinden, wenn Colt und Silberbüchse mal nicht rauchen. Weltstars wie Bob Dylan, David Bowie oder Elton John haben schon hier gespielt. Neben Konzerten bekannter Rock- und Pop-Künstler im Mai finden mehrere Schlagerfestivals statt, bevor von Juni bis September der Wilde Westen rund um den Kalkberg regiert. *www.karl-may-spiele.de*

Bake Baken sind Merkzeichen, Stangen mit auf-
gehefteten Buschwerk, die im Gelände den
Weg, vor allem aber für Schiffe an der Ufer-
linie eines Flusses oder an den Rändern von
Sandbänken die Fahrrinne anzeigen. Das können aber auch pyramidenförmige Tonnen
sein wie die unterschiedlichen Bojen (Lücht-
oder Blenkboje). In manchen dieser Bojen befindet sich ein Rettungsturm für in Seenot
Geratene.

Bange Wenn jemand „keine Bange hat", hat er
keine Angst. Das Verb „bangen" heißt „sich
Sorgen machen", und „bange sein" meint
„ängstlich sein". Das Wort „bange" kommt ursprünglich aus dem Niederdeutschen und bedeutete so viel wie „beengt".
Die bilderreiche plattdeutsche Sprache kennt
unter vielen anderen diesen Spruch: „He maakt
en Gesicht, dor kann en Rotten un Müüs mit

bang maken" (Er macht ein Gesicht, mit dem man Ratten und Mäusen Angst einjagen kann).

bannig Dieses Adjektiv, in Landesteilen wie Flensburg und Umgebung „banisch", in Dithmarschen früher auch „bandig", bedeutet so viel wie „gewaltig, stark, besonders, außerordentlich". Interessant ist der Hinweis auf das mittelniederdeutsche „bannich" (in den Bann getan) und korrespondierend dazu das dänische „farbandet" (verflucht).
Wenn jemand „bannig in Raasch" (also in Rage) ist, dann ist er fürchterlich aufgeregt, ein „unbanniges" Kind ungezogen.

Beest, beestig Wenn sich der Bauer am Sonntagmorgen in seinen Mercedes setzt, um über Land zu fahren, ruft er seiner Frau schon mal zu: „Ik mutt noch mol gau no de Beest kieken." Er meint damit sein Vieh. Früher verstand man darunter ein wildes Tier (lateinisch bestia), das einem durch sein Aussehen Furcht einflößte. Viele ironische Redewendungen und Spottreime wie der folgende ranken sich um dieses Wort: „Buur is'n Buur, is'n Beest vun Natur." Das Adjektiv „beestig" hat sich in seiner Bedeutung im Laufe von Jahrzehnten von „viehisch, schreckeinflößend, grauenerregend" bis hin zu „tüchtig, ausgezeichnet und stark" entwickelt. Ist jemand „verbeestert" (verbiestert), ist er verwirrt, nicht ganz klar im Kopf.

beiern „Ik laat nich geern mit mi beiern spelen" hört man häufig im Kreis Steinburg, wenn jemand das Gefühl hat, dass er „für dumm verkauft", „verschaukelt" werden soll. Dieses Bild ist dem für manche Menschen aufdringlichen Glockenläuten der Kirche („Gebeier") entlehnt und meint: „Ich lass mich nicht aufdringlich beschwatzen." Wir kennen „beiern" aber auch lautmalerisch in dem Vers: „Bimmel, bammel, beier, de Köster (Küster) mag keen Eier. Wat mag he denn? Speck in de Pann. De Köster is en Leckermann."

beipulen Wie so viele hochdeutsche Ausdrücke stammt auch dieses Verb aus dem Niederdeutschen und bedeutet zunächst so viel wie jemandem etwas nahe- oder beibringen, erklären, schmackhaft machen: „Ik kann em dat nich bipulen." Gleichzeitig verwendet man es aber auch im Sinne von „jemandem einen Denkzettel verpassen": „Ik heff em/ehr en bipult." Umgangssprachlich ordinär ist die Wendung: „He hett de Deern en bipult" (geschwängert).

Pulen, palen, pellen (hoch- und plattdeutsch) bedeuten „etwas von der Schale befreien" (siehe lateinisch „pella" = Haut, Schale), aber auch für „auseinanderklauben, zerren, zupfen, rupfen".

belämmert Sagt man von jemandem, er schaue „belämmert" drein, meint man, dass er niedergedrückt, betreten wirke. Mit den drolligen, putzigen Lämmern auf der Weide hat das nichts zu tun, auch wenn die neue Rechtschreibung uns das mit dem „ä" weismachen will. Dieser Ausdruck ist im 18. Jahrhundert aus dem Niederdeutschen ins Hochdeutsche übernommen worden und stammt ursprüng-

lich vom mittelniederdeutschen „belemmern"
(hindern, hemmen, beschädigen) ab.

Bessenbinner, Bössenbinner Von jemandem, der
es stets fürchterlich eilig hat, wird gesagt: „De
löpt, büxt, maakt Benen as en Bessenbinner"
(läuft wie ein Besenbinder). „Bessenbinner"
oder auch „Bössenbinner" waren in früheren
Zeiten Hausiercr mit Besen, die meistens aus
Ruten der Birke gebunden wurden, häufig
aber auch aus den Borsten der Schweine. Sie
waren keine sehr angesehenen Zeitgenossen,
weil sie sehr aufdringlich waren, und wurden
oft davongejagt. So hat es viele Spottverse über
sie gegeben, auch abfällige Bemerkungen wie
„De ol Bessenbinnersch" als Schelte für ein
„böses Weib".

Biikebrennen
Küstenfeuer vertreiben den Winter

Am Vorabend des Petritags – am 21. Februar –
brennen auf den Inseln Sylt, Amrum und
Föhr, auf den Halligen und auf weiten Teilen
des nordfriesischen Festlandes jährlich riesige
Holz- und Reisighaufen. Dieses „Biikebren-
nen" – kurz Biike – ist ein friesisches Volksfest, dessen Ursprung auf heidnische Bräuche
zurückgeht. Im Laufe des 17. Jahrhunderts ver-
knüpfte es sich mit einem Brauch aus dem Bereich der Berufe und Stände. Damals wurde es
zum Abschiedsfest für Männer, die Ende Feb-
ruar/Anfang März für ein halbes Jahr auf Wal-
fang gingen. Die Flammen der Biike sollen
aber auch den Winter vertreiben – ihn „ver-

brennen". Die kalte Jahreszeit wird traditionell durch eine Teertonne symbolisiert, die über dem Feuer thront. Vor dem Entzünden der Biike werden Reden gehalten, die Bezug auf Geschichte oder Tagespolitik nehmen. Im Anschluss an das Feuer geht man gemeinsam zum Grünkohlessen. Während früher die Konfirmanden für das Einsammeln und spätere Entzünden der Biike zuständig waren, erledigen das heute die örtlichen Feuerwehren. *www.nordseetourismus.de/de/biikebrennen-nordsee*

Blarrpott, Blarrbüdel Sind kleine Kinder im Begriff zu weinen und zu plärren, fährt man sie unter anderem im Kreis Segeberg mit den Worten an: „Nu fang blots nich glieks an to blarrn, du Blarrpott!" (Nun fang bloß nicht gleich an zu plärren, du Schreihals). Die Verbindung zu der Flöte aus Weidenbast („Blarr"), die sich die Kinder selbst herstellten, aber auch zum Blöken („Blarren") der Schafe liegt auf der Hand.

Beide Geräusche haben große Ähnlichkeit mit dem Kindergeschrei.

blied „Ik kann nich jümmerto blied ween." Das sagt ein Bewohner von Nordstrand und meint damit, dass er nicht länger heiter und freundlich sein könne, besonders dann nicht, wenn er fotografiert werde. Im Englischen heißt es „blithe", im Niederländischen „blijde". Dieses Adjektiv ist zwar im ganzen Land bekannt, hat aber mittlerweile eine herabsetzende Nebenbedeutung im Sinne von schmeichlerisch („blied as en Katt", freundlich wie eine Katze) bekommen.

blinkern, blenkern Wenn etwas hell erleuchtet ist, benutzt man gern im Landesteil Angeln diesen anschaulichen Vergleich: „Dat blinkert (oder blenkert) as en blode Mors in'n Düüstern" (Es leuchtet wie ein nackter Hintern im Dunkeln).

bögen Ein bekannter plattdeutscher Spruch lautet: „He lett sik nich bögen un nich breken" (Er geht nicht von seinem Vorsatz ab, lässt sich nicht verbiegen, nicht biegen noch brechen). „Bögt he sik as en Wichel" (wie eine Weide), ist er nicht charakterfest und lügt dabei auch noch so sehr, „dat sik de Balken bögt" (die Balken biegen). Der Grundsatz „Bögen is beter as breken" (wörtlich: Biegen ist besser als brechen) meint im übertragenen Sinne, dass nachgeben allemal besser sei als der Versuch, etwas mit Gewalt durchzusetzen. Diese Handlungsmaxime ist allgemeingültig.

Boßeln
Wo Kugeln über Deiche und Wiesen fliegen

„Achtung – tieffliegende Kugeln" heißt es im Winter auf den Deichen und Wiesen zwischen Husum und der Elbe. Dann treffen sich die Männer, aber auch Frauen zum Boßeln. Dabei wird eine mit Blei gespickte Holzkugel möglichst weit geworfen, die Technik erinnert ein wenig an den Diskuswurf. Es treten Vereine oder ganze Landstriche gegeneinander an. Wer drei Mal hintereinander gegen denselben Gegner gewinnt, erhält von diesem eine goldene Boßelkugel. Ein Sieg wird kräftig gefeiert, meist auch mit einem Autokorso durch das Heimatdorf. Geboßelt wird zudem im Mai und Juni, wenn der Landesverband und die regionalen Zusammenschlüsse, die sogenannten Unterverbände, Turniere und die Vereine ihre internen Meisterschaften abhalten. Während die Männer ihrem Sport seit Jahr-

hunderten frönen, begannen die Frauen damit erst in den 1970er-Jahren. Und noch zwei Varianten gibt es: Das Fastnachtsboßeln in Garding (Eiderstedt), bei dem die lustig verkleideten Bürger an einem Wintersonnabend die Holzkugel durch den Ort befördern. Abends findet dann der Boßelball mit Büttenreden, Musik und Tanz statt. Außerdem wird in einigen Dörfern Eiderstedts im Winter das Manns- und Fruunsboßeln gepflegt. Dabei treten die Männer gegen die Frauen an. Auch dazu gehört abends Musik und Tanz.
www.vshb.de und *www.uv-eiderstedt.de*

Bott „Geev em Bott!" (Gib ihm Bott = Tauende). Das ist die Aufforderung beim Drachensteigen, wenn der Drachen zu niedrig fliegt. Gemeint ist, man solle ihm mehr Leine geben, wie beim „Fiern", um in der Seglersprache zu bleiben. Waren die Ochsen auf dem Land zu kurz angebunden, hieß es: „Du musst de Ossen mehr Bott geven, se sünd to kort anbunnen."

Bregen Im Plattdeutschen begegnen wir häufig diesen Redewendungen:
„He/se hett nich veel Bregen" (keinen Verstand), „hett Bregen as Kreihenschiet in'n Kopp" (hat immer dummes Zeug im Kopf, Kreihenschiet = Dreck von den Krähen), „hett'n Brett vör'n Bregen" (ist dumm), „is bregenklöterig" (verrückt, benommen).
Ein beliebtes Gericht beim Schweineschlachten auf dem Lande war der Bregen. Er wurde in der Pfanne gebraten und mit Pellkartoffeln

gegessen. Im Mittelniederdeutschen finden wir „brêgen", im Englischen „brain", im Dänischen „braegne".

Brett vorm Kopf Wenn man meint, jemand habe ein Brett vorm Kopf, will man damit ausdrücken, er sei begriffsstutzig (siehe auch *Bregen*). Dieses geflügelte Wort geht darauf zurück, dass man früher Ochsen vor dem Pflug, die sich bei der Arbeit störrisch anstellten, die Augen mit einem Brett verdeckte.

Brummer, brummen Als Brummer werden allgemein größere Insekten bezeichnet, deren Namen man auf Anhieb nicht sofort weiß. Meistens sind Schmeißfliegen, Wespen und Hummeln gemeint, die summende, surrende Geräusche von sich geben. Ähnlichkeiten finden wir außerhalb der deutschen Sprache im niederländischen „brommen" (brummen, summen, surren) und dem schwedischen „brumma" (brummen, murren). Im Alt- und Mittelhochdeutschen finden wir eine unmittelbare Verwandtschaft mit diesen lautnachahmenden Verben im Sinne von „brummen, schreien, klagen". Umgangssprachlich wird „brummen" auch für „im Gefängnis sitzen" benutzt und jemandem etwas „aufbrummen" für „bestrafen, eine Strafe auferlegen". Es ist noch nicht lange her, da mussten Schüler wegen irgendwelcher Vergehen gegen die Schulordnung „nachbrummen" (nachsitzen).

Brunsbüttler Wattolümpiade
Das matscht so schön

Einmal im Jahr, im Hochsommer, wird seit 2004 ein kleiner Abschnitt am Elbdeich bei Brunsbüttel zum Mekka einiger Hundert „Wattleten" aus vieler Herren Länder. Dann wird dort die Wattolümpiade ausgetragen, mit Disziplinen wie „Wattwolliball", Fußball oder Handball im knietiefen Elbschlick. Bereits 2005 erhielten die Organisatoren des Spektakels den Deutschen Tourismuspreis, 2010 wurden sie für den Engagementpreis nominiert. Dies aus gutem Grund: Die Wattolümpiade ist ein Benefizspektakel zugunsten der Schleswig-Holsteinischen Krebshilfe. Klar, dass alle auf ihre Kosten kommen. Die Sportler, die im Schlick versinken, und die Zuschauer auf den Tribünenplätzen – sprich dem Deich. Eine bessere Aussicht gibt es in keinem Olympiastadion. Und eine ausgelassenere Stimmung auch nicht. *www.wattoluempia.de*

brüttig, bruttig Wenn es schwülwarm ist, sagen die Norddeutschen, hoch- wie plattdeutsch, die Luft sei brüttig. Dieses Adjektiv hat seinen Ursprung im plattdeutschen Wort „Brutt" (Brut), wofür bekanntlich ein bestimmter Wärmegrad nötig ist. Synonym dazu sagt man aber auch „lurig, lummerig, stickenwarm un stekenhitt".

Buhne Mit Buhne, das seinen Wortstamm im Niederdeutschen hat, bezeichnet man einen Schutzdamm aus Pfahlwerk, Reisig und Steinen, der senkrecht zur Küste oder zum Stromlauf errichtet worden ist. Die Reisigbüschel

werden auch Faschinen genannt. Die Buhnen beruhigen Strömung und Wellengang, und im ruhigen Wasser lagern sich Schwebepartikel ab. So wurden aus Wattengebieten im Laufe von Jahrhunderten die Köge gewonnen.

An der Sylter Westküste baute man hundert Buhnen, die durchnummeriert wurden. Eine davon, die „Buhne 16", ein FKK-Strand, ist berühmt-berüchtigt geworden als Ort rauschender Promi-Feste.

Busseruntjer Aus diesem Wort, das aus dem Niederländischen und Ostfriesischen eingeführt worden ist und das möglicherweise seinen Ursprung im französischen „bourgeron" (Arbeitskittel der Arbeiter und Soldaten) hat, hat der Volksmund wegen seiner Unverständlichkeit „Buscherung" oder „Buscherup" gemacht. In Dithmarschen und den Elbmarschen, aber auch in Flensburg, Angeln und Nordschleswig kennt man dieses Überhemd als blauen Leinenkittel oder Schlachterkittel.

Büsumer Kutterregatta
Wettfahrt um das „Blaue Band"

Sie kämpfen seit Jahren um ihre Existenz – doch bei ihrer traditionellen Kutterregatta vergessen die Büsumer Krabbenfischer ihre Sorgen, feiern ausgelassen und wetteifern um das „Blaue Band". Für die Wettfahrt an einem Augustwochenende putzen sie ihre Fangschiffe heraus, schmücken sie bis in die Toppen mit bunten Fahnen und Girlanden. Ein imposantes Bild bietet der Start vor der Büsumer Ha-

fenmole, wenn die Kutter mit schäumenden
Bugwellen durch die Nordsee stampfen. Auf
dem Deich drängeln sich dann die Menschen,
um das spannende Rennen zu verfolgen. Wer
Glück hat, kann sich auf einem der Kutter einen Platz sichern und darf die Wettfahrt hautnah miterleben. Es geht dabei um eine Strecke
von acht Seemeilen, knapp 15 Kilometer. Steht
das Siegerschiff fest, wird im Hafen mächtig
gefeiert. Eine bunte Flaniermeile lädt ein, und
im Regattazelt kann getanzt werden. Die erste
Büsumer Kutterregatta startete übrigens 1895,
seitdem hat sie sich zum größten maritimen
Spektakel an der Westküste entwickelt.
www.regattaverein-buesum.de

Buttje, Buttjer Hiermit wurden und werden auch heute noch kleine Jungen im Sinne von „kleiner Knirps" bezeichnet, die besonders schwächlich aussehen, aber auch abwertend sogenannte Strömer und Straßenjungen. So wurden in Rendsburg die ehemaligen Volksschüler von den Gymnasiasten „Buttjes" genannt, und auf die Kieler gab es von den Neumünsteranern den folgenden Neckreim: „Kieler Buttjer, Fingerlutscher." Ob der „Buttjer" auf den platten, gedrungenen Butt (Flunder) zurückzuführen ist, ist nicht belegt.

Als „Butt" bezeichnete man früher im Deichwesen auch einen schaufelartigen Handpflug, mit dem Soden ausgestochen wurden.

Cismar: Klosterfest
Markttreiben, wo einst die Mönche lebten

C

Eine Mischung aus Nostalgie, Kunst, Kunsthandwerk, Musik und gepflegter Beköstigung auf gehobenem Niveau macht das Klosterfest Cismar (bei Grömitz) für sich geltend. Immer am zweiten Augustwochenende richtet seit über 30 Jahren ein Förderkreis den dreitägigen Markt in den Resten des ehemaligen Benediktinerklosters aus. Die Marktbeschicker an rund 140 Ständen – viele Kunsthandwerker und Künstler – sind „handverlesen". Das Spektrum der Aussteller ist ungewöhnlich weit gefächert, es reicht vom Keramiker über den Silberschmied bis zu sehr selten gewordenen Berufen wie Bürstenmacher, Seiler, Drechsler, Holzspielzeugmacher, Gürtler und Täschner. Begleitet wird der Markt von Musikgruppen, den Abschluss des Klosterfestes bildet traditionell am Sonntagabend ein Feuerwerk. *www.cismar.de/fest.htm*

Dag bi Düppel „Nu ward dat aver Dag bi Düppel"
(Nun wird es aber Tag bei Düppel) ist ein geflügeltes Wort im nördlichen Teil Schleswig-
Holsteins in Anlehnung an die Schlacht bei
den Düppeler Schanzen am 18. April 1864.
Dort hatten die verbündeten Kriegsmächte
Österreich und Preußen die dänischen Trup-
pen in einer erbitterten Schlacht niedergerun-
gen. Im Frieden von Wien am 30. Oktober
1864 musste Dänemark auf die beiden Her-
zogtümer Schleswig und Holstein verzichten.
Beide Siegermächte reklamierten daraufhin
für sich das Recht an den Staatengebilden, sodass erst nach dem Krieg zwischen Preußen
und Österreich und der österreichischen Nie-
derlage bei Königsgrätz 1866 Klarheit mit der
Einverleibung Schleswigs und Holsteins in
Preußen geschaffen wurde.

Dag för Dag Über der Eingangstür eines Dorfkru-
ges in der Umgebung von Schleswig war der
folgende Spruch zu lesen: „Wer Dag för Dag
sien Arbeit deit un jümmers op den Posten
steiht un maakt dat goot un deit dat geern, de
kann sik ok mol amüseern" (Wer Tag für Tag
seine Arbeit tut und immer auf dem Posten
steht und macht das gut und tut das gern, der
kann sich auch mal amüsieren). Häufig ging
es nach einer durchtanzten Nacht im Morgen-
grauen mit schweren Beinen und dunem Kopf
aufs Feld zum Melken. Auf einmal wurde dieser Spruch umgekehrt, und es hieß: „Wer feiern kann, kann auch arbeiten." Diese und andere Sinnsprüche, so vereinfachend sie auch

sein mochten, waren für Generationen von Menschen Leitplanken auf ihren nicht immer geraden Lebenswegen.

Dank, danken, danke Viele Menschen bedauern, dass das kleine Wörtchen „Danke" als Ausdruck einer dankbaren Gesinnung einem anderen gegenüber in unserem Sprachgebrauch immer seltener vorkommt. „Dank" bedeutete ursprünglich „Denken, Gedenken" wie im althochdeutschen „danc". Im Englischen sagt man „thanks" und im Schwedischen „tack".

Andere wiederum beobachten, dass das Wort zu schnell und oftmals auch zu leichtfertig ausgesprochen wird, wie es die folgenden Zeilen zum Ausdruck bringen sollen:

„De een seggt: Velen Dank! De anner: Dor heff ik noog (genug) vun op den Böhn (Boden), ik mutt dat notwennig umschüffeln (umschaufeln)." Gemeint ist damit: Dem Dank müssten auch mal Taten folgen.

Dattel, datteln (auch Daddel, daddeln) Um die Südfrucht Dattel geht es bei dem folgenden Spruch, der in unserem Land immer noch weit verbreitet ist, nicht, wohl aber um eine ungelenke Art sich fortzubewegen, etwas zögerlich, verzögernd zu tun. Einem solchen Menschen wird schon mal zugerufen: „Kiek mol, Jan Nattel mit de Dattel mit de Fiegenfööt" (Feigenfüße). Oder aber es heißt: „He löpt so dattelarig (dattelig), as wenn he mank Eier paut" (Er läuft so ungelenk, als ob er zwischen Eier tritt).

Wegen seiner so beschriebenen Art und Weise, Feldhandball zu spielen, hatte einer der bekanntesten deutschen Handballspieler, Hein Dahlinger vom THW Kiel, seinen Ökelnamen (Spitznamen) „Hein Daddel" erhalten.

Dithmarscher Kohltage
Platz nehmen an der längsten Tafel der Welt

Kohl wird in Dithmarschen, dem größten zusammenhängenden Anbaugebiet dieses Gemüses in Europa, von fast 300 Landwirten angebaut. Auf rund 2800 Hektar wachsen Weißkohl, Rotkohl, Wirsing und Blumenkohl. Jährlich sind es mehr als 80 Millionen Kohlköpfe, die zu ernten sind. Ein gewaltiger Wirtschaftsfaktor also für den Landkreis an der schleswigholsteinischen Westküste, wo die Landwirtschaft immer noch eine große Rolle spielt. Grund für sechs tolle Tage mit Spiel und Spaß, Information und Unterhaltung, Kunst und Kultur. So haben sich die „Dithmarscher Kohltage" zu einem wahren Besuchermagneten entwickelt. Auf den Märkten gibt's frischen Kohl zu kaufen, in verschiedenen Orten feiern Urlauber und Dithmarscher gemeinsam den Erntestart im September. Mit dabei: zwei gewählte Kohlregentinnen. Wer will, kann an der längsten Kohltafel der Welt Platz nehmen. Und Landgasthöfe servieren Kohlgerichte, die auch Gourmets überzeugen. Übrigens setzen Spitzenköche aus Überzeugung auf Kohl, denn er enthält ähnlich viel Vitamin C wie eine Zitrone. *www.kohltage-dithmarschen.de*

Do wat du wullt Nicht jedes Bemühen im Leben ist vom Erfolg gekrönt. Das musste ein junger Mann aus einem Dorf in der Nähe der Landeshauptstadt Kiel schmerzlich erfahren. Nach Doktortitel, Hochzeit mit einer wohlhabenden Kaufmannstochter und politischer Betätigung wollte das Getuschel, bei der Doktorarbeit sei es nicht mit rechten Dingen zugegangen, nicht aufhören. Auch eine außereheliche Liebesaffäre wurde ihm angedichtet. Als ihm schließlich Frau und Titel abhandengekommen waren, gab er resignierend mit den Worten auf: „Do wat du wullt, de Lüüd snackt doch" (Tu was du willst, die Leute reden doch). Gemeint war: Sie finden immer ein Haar in der Suppe.

doot blieven Wollen wir einem anderen auf Plattdeutsch mitteilen, dass der Nachbar gestorben sei, sagen wir bedauernd: „Truri, truri, Peter Schnack is vunnacht doot bleven" (Traurig, traurig, Peter Schnack ist heute Nacht gestorben). In der wörtlichen Übersetzung müsste es heißen: „… ist heute Nacht tot geblieben." Nun ist aber nicht der Zustand „tot sein und es bleiben" gemeint, sondern das Sterben als Prozess. Die sprachliche Nähe zum dänischen „blive" (= bleiben) ist unübersehbar, was sich auch in der Angelner Volkssprache am Beispiel „he bleev düll" (wurde zornig, wütend) widerspiegelt.

dor, de dore dor „Dor" im Sinne von „dort, da" wird überwiegend als Ortsangabe gebraucht („Wat is dor los?"). Wir kennen es aber auch adjektivisch wie im folgenden Beispiel:

Ein Flensburger Tourist döst am Strand einer mallorquinischen Bucht vor sich hin, als er plötzlich von lautem Kindergeschrei aufgeschreckt wird: „Mama, Mama, kiek mol, de dore Mann dor!" Ein kleiner Junge zeigt aufgeregt mit ausgestrecktem Arm auf einen übergewichtigen nackten Mann, der soeben ächzend und schnaubend den warmen Fluten entsteigt und sich auf sein Badelaken zubewegt. Diese Verdoppelung von „dor" ist eine Bekräftigung und vor allem in den Landesteilen Schleswig und Dithmarschen geläufig. Bisweilen finden wir auch die Superlativform „de dorste" vor.

dorbi kamen „Dor" gibt es in unzähligen Verbindungen wie „dorgegen", „dormit", „dorför", „dorin", „dorhen" und „dorbi". So heißt es zum Beispiel, wenn man jemandem nicht auf die Schliche kommen oder ihn im Gespräch nicht widerlegen kann: „Ik kann em/ehr nich bikamen" (Ich kann ihm/ihr nicht beikommen). Ist einem Menschen unverhofft etwas Gutes widerfahren, sagt man im Volksmund: „He/se is dorbikamen as de Jungfru to't Kind" (Er/sie ist dazu gekommen wie die Jungfrau zum Kinde).

Dören, nie Bei mehrfachen Umzügen junger Familien heißt es im Kreis Schleswig-Flensburg oft augenzwinkernd: „Nie Dören, nie Gören" (Neue Türen, neue Kinder). Hiermit soll ausgedrückt werden, dass offenbar jeder Wohnungswechsel stimulierend auf das Reproduktionsverhalten der Bewohner wirke. Aber ist das heute wirklich noch so?

dösen Dieses Verb ist erst im 19. Jahrhundert umgangssprachlich aus dem Niederdeutschen ins Hochdeutsche aufgenommen worden. Darunter versteht man, dass jemand gedankenverloren und halb schlafend dasitzt. Im Mittelhochdeutschen finden wir „dôsen" = schlummern, was dem englischen „to doze" (schläfrig sein) entspricht. Wenn jemand „dösig" ist, ist er wirr und verrückt im Kopf („He is rein dösig in'n Kopp"). Dazu kennen wir auch das Adjektiv *rammdösig* (zumeist in der Bedeutung „einfältig, dumm").

Döts, Dööz Umgangssprachlich im Hochdeutschen wie im Plattdeutschen gebräuchlich, vor allem in groben Scheltworten wie: „Kriegst gleich einen an den Dööz (Kopf), wenn du deinen Mund nicht hältst" (Kriggst glieks en an'n Döts ...) oder: „He hett den Football an'n Döts kregen", „Sien Dötskassen (Verstandskasten) is lerrig (leer)", „Dat sett di man nich in'n Dötz" (Das setz dir nur nicht in den Kopf).

Drampelsater Dieses Wort ist friesisch und bedeutet „Türschwellensitzer". Im Plattdeutschen heißt die Türschwelle „Drümpel". „Drampelsater" nennt man auf Ferring (Föhrer Friesisch) einen Liebhaber, der kein Glück hat und an der Türschwelle abgewiesen wird.

dreihen Tiefe philosophische Erkenntnisse wie, dass nicht zu ändern ist, was nicht änderbar ist, finden wir häufig auch in plattdeutschen Redewendungen wie zum Beispiel dieser: „Kannst di dreihen un wennen as du wullt, de Mors blifft jümmers achtern" (Du kannst dich drehen und wenden wie du willst, der Hintern bleibt immer hinten).

drieseln Hatten die Kinder auf Nordstrand für den Heimweg von der Schule mal wieder etwas länger gebraucht, bekamen sie von der Mutter häufig zu hören: „Jem hem hüüt avers ok weer ganz schön drieselt" (Ihr habt heut aber wieder ganz schön getrödelt). Kommt jemand bei seiner Arbeit nicht von der Stelle, heißt es: „He drieselt mi to lang dorbi weg" (Er trödelt mir zu lange dabei rum). Verwandt damit finden wir auch das Verb „druseln", meistens im Sinne von „schläfrig sein".

drollig Kinder, die lustig, spaßig aussehen, bezeichnet man gern als „drollig". Das gilt auch für die Clowns. Dieses Adjektiv wurde im 17. Jahrhundert aus dem Niederdeutschen ins Hochdeutsche übernommen und ist eine Ableitung vom niederländischen „drol" (Knirps, Spaßmacher), wie auch das französische „drôle". Eigentlich bedeutet es „rund gedrehter Kegel". Die Figur des Clowns deutet darauf hin.

Dusel haben Der Betrunkene, der beinahe von einem Auto erfasst worden wäre, greift sich an den Kopf und ruft: „Da hab' ich aber Dusel gehabt!" Umgangssprachlich versteht man heute darunter „Glück gehabt". Das Wort „Dusel" hat im 16. Jahrhundert aus dem Niederdeutschen Eingang in die hochdeutsche Sprache gefunden und ist seit dem 19. Jahrhundert auch in allen anderen Teilen unseres Landes gebräuchlich. Ursprünglich gehört es mit dem

mittelniederdeutschen „düsinge", dem norwe-
gischen „dusa" und dem niederländischen
„dwaas" zu den vielfältigen Ausdrücken, die
einen Zustand von geistiger Verwirrung be-
zeichneten (siehe auch *dösen*).

duun Bei größeren, aber auch kleineren Familien-
feiern wurde und wird bekanntlich gut gegessen und reichlich getrunken. Dabei ließ es
sich oft nicht vermeiden, dass politisch disku-
tiert wurde. Wenn die Debatte allzu hitzig
wurde und ins Persönliche abdriftete, weiß ein
Zeuge aus Ostholstein zu berichten, ging die
Großmutter mit dem derben Spruch dazwischen: „Suup di duun un freet di dick un hol
dat Muul vun Politik" (Besauf dich ordentlich
und friss dich dick und halte das Maul von Politik). Es kehrte dann vorübergehend Ruhe ein.
Dummerhaftige Bemerkungen konterte sie
meistens mit dem Satz: „Duun (betrunken),
dat geiht wedder weg, man dumm, dat blifft
(bleibt)." Oder: „En Hoorbüdel vergeiht, avers
Dummheit besteiht" (Ein Haarbeutel = Kater
vergeht, aber Dummheit bleibt bestehen).
Das Adjektiv „duun" gibt es auch in der Bedeutung von „eng, dicht" jenseits der Elbe im
Alten Land und im Oldenburgischen. So gibt
es in der plattdeutschen Erzählung von
Krischan Holsten (Christian Holsten) „Dat
Andenken" die Aufforderung eines jungen
Mädchens an den Tanzpartner: „Kumm, hol
di duun an mi" (Halt dich an mir fest).

düüster, düster Als einmal einem Kind ein Stück
Brot heruntergefallen war und es sich darüber

beschwerte, dass das Stück nun an einigen Stellen Sandkörner aufwies, bekam es von der Mutter folgende Antwort: „Dat maakt nix, mien Jung, in'e Maag is dat düüster" (Das macht nichts, mein Junge, im Magen ist es dunkel). Wir kennen auch die Redewendung: „Maakt nix, en beten Sand schüert de Maag" (... ein bisschen Sand scheuert den Magen). „Düster" ist im 16. Jahrhundert aus dem Niederdeutschen ins Hochdeutsche übernommen worden, ist urverwandt mit dem russischen „Ausk" (Nebel, Finsternis). Umgangssprachlich kennen wir auch „duster" und „zappenduster" (siehe *zappen*) als Verstärkung (sehr dunkel), im Plattdeutschen die Verdoppelung „pickendüüster".

Düwel Weit verbreitet im Lande ist der folgende Spruch: „De Düwel schitt jümmers op den gröttsten Hupen" (Der Teufel sch... immer auf den größten Haufen). In St. Peter (Eiderstedt) kennt man noch den Zusatz: „... un in'e Kohl." Gemeint ist, dass dort, wo schon Vermögen vorhanden ist, immer noch was dazu kommt. Der Teufel spielte im Leben der Landbevölkerung eine große Rolle, was die folgende Redewendung anschaulich zum Ausdruck bringt: „Di hett de Düwel woll in'n Galopp verloren" (Dich hat der Teufel wohl im Galopp verloren, mit dir will ich nichts zu tun haben).

In Schleswig nannte man die Spielkarten auch „den Düwel sien Psalmbook" und wollte damit unterstreichen, wie gefährlich das Kartenspielen ist. Von Menschen, denen man nicht traute, sagte man: „He hett den Düwel in'n Nacken." Und von einem rabiaten Zeitgenossen ist der Satz überliefert: „He hett den Düwel in'n Lief (im Leib)." Dass Geld die Welt regiert, ist keine neue Erkenntnis, denn die Plattdeutschen wissen schon lange, „dat en för Geld den Düwel danzen laten (tanzen lassen) kann".

Dwarslöper, Dwasslöper „Dwarslöper" oder „Dwasslöper" ist der plattdeutsche Name für den Taschenkrebs. „Dwars" oder „dwass" bedeutet „quer", und so ist der Dwarslöper ein Querläufer (er bewegt sich seitwärts). Im Friesischen kennen wir den Begriff „twars" und im Niederländischen „dwars". Im übertragenen Sinne ist der „Dwarslöper" jemand, der gerne gegen den Strom schwimmt, immer das Gegenteil von dem will, was andere wollen. Man nennt so jemanden auch einen Querkopf.

Ebbe, Ebb

Dass das Wasser bei Ebbe („Ebb") zurückgeht (abläuft) und bei Flut („Floot") kommt (aufläuft), und zwar im Rhythmus von circa sechs Stunden, ist ein bekanntes Schulwissen. In diesem Zusammenhang spricht man von Gezeiten. Weniger bekannt ist, dass der Begriff „Ebbe" um 1600 aus dem Niederdeutschen in die hochdeutsche Sprache eingegangen ist. Er geht zurück auf das mittelniederdeutsche „ebbe" und bedeutete so viel wie „Rückgang, Zurückfluten".

In dem Gedicht „Ol Büsen" (Alt-Büsum) des niederdeutschen Dichters Klaus Groth (1819–1899) heißt es an einer Stelle: „Mitünner in de holle Ebb, so süht man vun de Hüs de Köpp" (Manchmal bei vollständiger Ebbe sieht man die Köpfe der Häuser, also die Dächer des im Meer versunkenen Alt-Büsum). Umgangssprachlich reden wir heute von einer „Ebbe in den Kassen, Portemonnaies" und freuen uns darüber, dass der Lärm auf Straßen und Plätzen hörbar „abebbt".

Eckernförde: Piratentage
Freibeuter erobern die Stadt

Ein zweites großes Stadtfest neben den Sprottentagen findet Anfang August in Eckernförde statt – das Piratenspektakel. Auf mehreren Schiffen rücken die Freibeuter der kleinen Fischerstadt zu Leibe, Kampfgetümmel tobt am Strand, heftiger Kanonendonner erfüllt die Luft. Die Fischer versuchen ihre Stadt gegen

die einfallenden Piraten zu verteidigen – ver-
gebens. Drei Tage lang behalten die Freibeuter
das Regiment, nehmen den Bürgermeister ge-
fangen und ziehen marodierend durch die
Straßen und Kneipen. Ein buntes Spektakel
für Jung und Alt, das jedes Jahr wieder einen
großen Reiz ausübt und die Menschen zu
Zehntausenden in die Ostseestadt lockt.
www.ostseebad-eckernfoerde.de

Eckernförder Sprottentage
Appetithäppchen aus dem Rauch

Die weltbekannten Kieler Sprotten verdanken
ihren Namen dem Abfertigungsstempel am
Kieler Hauptbahnhof, den Räucheröfen ent-
nommen wurden die kleinen goldfarbenen
Köstlichkeiten jedoch in der nur 30 Kilometer
entfernten Fischer- und Räucherstadt Eckernförde. Den Spruch „In Eckernför dor hebbt

se't rut, ut Sülver Gold to maken" (In Eckernförde hat man es raus, wie Silber zu Gold gemacht wird) kennt im Ostseebad jeder. Und als ein Name für das Eckernförder Stadtfest gesucht wurde, war das Ergebnis schnell klar: „Sprottentage". Drei Tage lang wird Anfang Juli an der Hafenmeile gefeiert – mit Live-Musik, unzähligen Ständen und Aktionen und natürlich Sprotten, die sogar als Appetithäppchen verschenkt werden. Ein Höhepunkt und Publikumsmagnet ist der Stadtteilwettkampf: Eckernförde gegen Borby. Die alte Rivalität wird sportlich fair im maritimen Mehrkampf rund um die Holzbrücke ausgefochten. *www.ostseebad-eckernfoerde.de/sprottentage.html*

eem, öm Aus einem Ort in Angeln stammt diese Redewendung: „Ik heff so'n eem (öm) Geföhl." Der Einsender wollte damit ausdrücken, dass er ein träges Gefühl habe. Diesem Adjektiv begegnen wir aber auch in der Bedeutung „schmerzhaft, empfindlich, zart". Es ist teils friesischen (êm, em), teils dänischen und plattdänischen Ursprungs und in den anderen schleswig-holsteinischen Landesteilen nicht gebräuchlich.

een, en „Een" finden wir im Plattdeutschen als Zahlwort, Pronomen und Artikel, manchmal auch flektiert wie in: „Ener mutt dat doch seggt hebben!" (Einer muss das doch gesagt haben!). Beim geselligen Trinken hören wir häufig den Spruch: „Op een Been könt wi nich stahn" (Auf einem Bein können wir nicht stehen). Bei manchen Gilden im Lande gibt es diesen Leitspruch: „Ener schall den annern sien Last drägen" (Einer trage des anderen Last). Gelegentlich wird der unbestimmte Artikel „een" einem Adjektiv angefügt, wohl als Verstärkung wie in diesem Beispiel: „Wat is dat för een Peerd?" Antwort: „Een brune een" (Was ist das für ein Pferd? Ein braunes). Solche Formen kennen wir auch im Englischen „a little one" und im dänischen „en wunderlige en". Schließlich haben wir noch die Verbindungen „mennigeen" (mancher) und „elkeen", „arkeen" und „jedereen" für „jeder".

eenerlei, eendoont Beide Formen werden heute vielfach synonym gebraucht. Sprüche dieser Art gibt es zuhauf: „Dat is eenerlei, wat de Eier kaakt ward oder braadt, de Schell ward jümmers wegsmeten" (Egal, ob die Eier gekocht oder gebraten werden, die Schale wird immer weggeworfen). Wenn es gleichgültig ist, was in einer Angelegenheit geschieht, heißt es im Plattdeutschen recht anschaulich: „Wenn't all eenerlei is, denn is Kohschiet ok'n Pannko- ken" (Wenn alles egal ist, dann ist Kuhsch... auch ein Pfannkuchen).

eenfach „Dat is nich eenfach un sien Mensch" (Es ist nicht einfach, Mensch zu sein), hören wir aus der Umgebung Jübeks. Gemeint ist die tiefe philosophische Erkenntnis, dass das Menschsein allgemein als schwierig angese- hen wird. Aus dem Kremper Umland ist die- ser Spruch überliefert: „Dat is eenfach, aver nüdli, sä de Düwel, do harr he sien Steert ar- fengröön anstreken" („Das ist einfach, aber niedlich", sagte der Teufel, da hatte er seinen Schwanz erbsengrün angestrichen).

Eenspänner In diesem Wort sind sowohl das Verb „spannen" als auch das Nomen „Gespann" enthalten, die indogermanischen Ursprungs sind (ziehen, zerren, verrenken). Gemeint ist aber mit „Eenspänner" nicht nur ein Fuhrwerk mit *einem* davorgespannten Pferd, sondern im übertragenen Sinne ein Junggeselle. Früher bezeichnete man damit die einzige, unverhei- ratete Tochter einer Familie.

eers, en saten Der Hintern des Menschen hat, auch in früheren Zeiten, die Fantasiekräfte des Menschen ungemein beflügelt. Das wird in unzähligen Redewendungen deutlich, so auch in dieser friesischen von der Insel Föhr: „En saten eers kön föf betenk" (Ein sitzender Hin- tern kann viel ersinnen). Nun kann dieser Kör- perteil weder denken noch ersinnen, vielmehr ist gemeint, dass man in der Ruhelage offenbar besser nachdenken könne.

Ei un Bodderbrot Das Ei ist Gegenstand unzähliger Redewendungen. Dass es „klöker" (klüger) sein will „as de Hehn" (als die Henne), ist allgemein bekannt. Mischt sich jemand in alles ein, „leggt he sien Ei allerwegens mank" (legt er sein Ei überall dazwischen), und macht er sich Gedanken um Dinge, die noch nicht spruchreif sind, „kümmert he sik um unleggte Eier" (ungelegte Eier). Wenn jemand etwas spottbillig erworben hat, hat er es „för'n Ei un Bodderbroot" oder „för'n Appel un Ei" bekommen. Alte, sattsam bekannte Geschichten werden auch mit dem Satz „Dat sünd fule (faule) Eier, de stinkt al (schon)" abgetan.

eien Das Verb „eien" ist auch heute noch überall im Land gebräuchlich im Sinne von „streicheln" und „liebkosen". Der junge Mann „eit" seiner Liebsten die Backen (Wangen), und dem Unerfahrenen ruft man zu: „Schall ik di mol wiesen, wosück de Buer sien Fru eit?" (Soll ich dir mal zeigen, wie der Bauer seine Frau liebkost?). Dabei streicht man ihm kräftig mit der Hand von unten nach oben übers Gesicht, sodass die Nase schon mal bluten kann. Der bekannteste Spruch lautet: „Pack sleit sik, Pack eit sik" (Pack schlägt sich, Pack verträgt sich).

Eike, Poleike „Eike, Poleike, kom hial weler deel!", singen die Kinder zu Ostern auf der Nordseeinsel Föhr. Diese lautmalenden Wörter sind friesische Namen, der Spruch bedeutet so viel

wie: „Eike, Poleike, komm heil wieder runter!"
Gemeint sind die gekochten Eier, die auf den
Marschwiesen um die Wette in die Luft geworfen werden. Dabei geht es darum, wessen Ei
die härteste Schale hat.

Eis, auf Viele Vorgänge in Politik und Wirtschaft,
aber auch im persönlichen Bereich werden
häufig „auf Eis gelegt", weil es entweder noch
Klärungsbedarf in der einen oder anderen Fra-
ge gibt oder kurzfristig andere Prioritäten ge-
setzt worden sind. Sie werden verschoben, vorläufig nicht weiter bearbeitet. Diese umgangs-
sprachliche Redewendung geht zurück in jene
Zeiten, als es noch keine Kühltruhen gab und
Nahrungsmittel in Kühlhäusern auf Eis aufbe-
wahrt wurden. Im Plattdeutschen werden sie
„op Ies leggt" (auf Eis gelegt, siehe *Ies*).

Eisbein Jeder Norddeutsche kennt dieses Gericht
„Eisbein mit Sauerkraut und Erbspüree",
aber kaum jemand weiß, woher die Bezeichnung „Eisbein" stammt. Im Süddeutschen
heißt es Schweinsfüße oder Schweinshaxen,
im Pfälzischen Eisknochen. Gemeint ist damit das Schienbein des Schweines mit den
dazugehörigen Fleischteilen. In germanischer Zeit wurden die Röhrenknochen größerer Schlachttiere gespalten und für die Her-
stellung von Knochenschlittschuhen verwendet (in Skandinavien bis in die heutige Zeit).
Danach bedeutet „Eisbein" ursprünglich
„zum Eislauf geeignete Knochen". Aber
daran denkt wohl niemand bei dem deutschen Nationalschmaus.

em un ehr Da wir gerade bei einer Lieblingsbeschäftigung der Norddeutschen, dem Essen, sind, soll diese Reaktion auf eine nicht ordentlich abgeschmeckte Mahlzeit nicht vorenthalten werden: „Mann, dat smeckt nich na em un nich na ehr!" (Mann, das schmeckt nicht nach ihm und nicht nach ihr, ist fade).

Eten, keen Dass auch in Dänemark Essen eine große gesellschaftlich verbindende Funktion, zum Teil Kulturstatus hat, weiß jeder Dänemarkfreund und stellt sich darauf ein. So kann sich der lukullische Teil einer Weihnachtsfeier schon einmal, mit kurzen Unterbrechungen, von 16 bis 22 Uhr erstrecken, wobei die einzelnen Gänge kaum noch zu zählen sind. Aus Apenrade (Apenraa) wird diese Aussage nach einem überreichlich genossenen Essen überliefert: „Dat weer keen Eten. Dat weer keen Freten. Dat weer reinweg asen" (Das war kein Essen. Das war kein Fressen. Das war reinweg verschwenderisch).

Eine Binsenweisheit im Zusammenhang mit der Völlerei zielt auf die Einheit von Leib und Seele ab: „Eten un drinken hölt Lief un Seel tosamen" (Essen und trinken hält Leib und Seele zusammen).

etepetete Sowohl im Hochdeutschen als auch im Plattdeutschen verwenden wir den Ausdruck „etepetete", wenn wir jemanden (meistens weibliche Personen) als zimperlich, peinlich ordentlich und auch wählerisch bezeichnen. In einigen Landesteilen spricht man auch von „etjer-potetjer". Der Hinweis auf einen französischen Ursprung „être, peut-être" (sein, vielleicht) kann nicht von der Hand gewiesen werden. Eine andere Erklärung wird in einer berlinerischen Umformung des niederdeutschen „ete, öte" (geziert) gesehen. Eindeutig belegt ist das nicht.

Eutin: Bluesfest
Wo Memphis den Takt vorgibt

Er ist die Mutter der modernen Musik, ob Jazz, Rock oder Hip-Hop: der Blues. Eine Handvoll Enthusiasten hat Eutin über Jahre hinweg zur deutschen Hochburg dieser Musikrichtung gemacht. Vier Tage lang wird im späten Frühjahr mitten auf dem Eutiner Markt musiziert. 2012 gab es in Eutin weltweit erstmals ein Festival, bei dem Bands aus allen Kontinenten vertreten waren. Nicht nur bei der Herkunft der Musiker wurde deutlich, wie

breit gefächert die stilistischen Verästelungen
der einstigen nordamerikanischen Sklaven-
Musik heute sind.

Während um die 15 000 Zuhörer an vier Tagen die Konzerte bei freiem Eintritt genießen,
macht die „Blues Baltica" auch in den USA
Schlagzeilen: In einem Wettbewerb werden in
Eutin seit 2009 jeweils im Herbst Musiker
und Bands ermittelt, die sich für die Teilnahme am „International Blues Challenge" in
Memphis (USA) qualifizieren können. Dem
Kieler Duo Georg Schroeter & Marc Breit-
felder gelang es 2010 als ersten Europäern
überhaupt, den internationalen Titel in Memphis zu holen. *www.bluesfest-eutin.de*

Eutin: Flohmarkt
Eldorado für Schnäppchenjäger

Die Keimzelle war ein Straßenfest von Eutiner
Geschäftsleuten in den 1970er-Jahren, aus
dem einer der größten Flohmärkte nördlich
der Elbe werden sollte: Die gesamte Eutiner
Innenstadt plus Kulturpark am Schloss wird
an einem Sonnabend in der zweiten August-
hälfte zur Veranstaltungsfläche mit Flohmarkt-
und Versorgungsständen, Musikbühnen sowie
Straßenkunst und Fahrgeschäften. Der Charakter der anfangs im zweijährigen Rhythmus
organisierten Veranstaltung hat sich im Lauf
von Jahrzehnten gewandelt. Vieles ist kom-
merzieller geworden, und der Großflohmarkt
findet inzwischen jährlich statt. Aber unverän-
dert geblieben ist das Flair dieses Festes in der

Altstadt-Kulisse auf gepflasterten Gassen und
dem Marktplatz. *www.eutin.de*

Eutiner Festspiele
Mit dem „Freischütz" fing alles an

Am Rhein gilt der Karneval, in Eutin die
Opernsaison im Schlossgarten als fünfte Jahreszeit. Dann dreht sich in der ostholsteinischen Kleinstadt alles um musikalisch flir-
rende Sommerabende am Seeufer. Seit 1951,
als erstmals zu Ehren des 1786 hier geborenen
Komponisten Carl Maria von Weber dessen
„Freischütz" aufgeführt wurde, finden alljährlich im Juli und August unter freiem Himmel
die Eutiner Festspiele statt. Sie locken traditionell Zuschauer aus Norddeutschland sowie
Urlauber vom Ostseestrand ins Zentrum der
Holsteinischen Schweiz. Zum Programm
einer Spielzeit gehören meistens zwei Opern-

Inszenierungen, eine Operette sowie Konzert-
abende mit populären Arien, Songs und In-
strumentalstücken. Die Tribüne in der Frei-
lichtanlage hat rund 1850 Sitzplätze. Klar, dass
vor und nach jeder Aufführung auch das Feiern nicht zu kurz kommt.
www.eutiner-festspiele.de

Fallinbrie

Es soll Menschen geben, die von Stolperstei-
nen geradezu magisch angezogen werden,
über alles fallen, was sich ihnen in den Weg
stellt. Im Plattdeutschen sagt man über so jemanden gern: „He is so rech en Fallinbrie"
(Fall-in-den-Brei) und meint damit, er sei un-
beholfen, tölpelhaft, ungeschickt und unhöf-
lich, einer, der immer mit der Tür ins Haus
fällt.

Feen Im Westen der Insel Föhr sagt man über
einen jungen Mann, der gern mal „fremd-
geht": „Hi mei hal uk ens ütj a feen" (Er mag
auch mal gerne auf eine andere Weide).

Fenne, Feene Eine Fenne, auf den Halligen
„Feene", ist ein Landstück, das in der Marsch
durch breite Gräben eingegrenzt wird. In anderen Landesteilen, insbesondere auf der
Geest, spricht man von „Koppel". „Fenne" ist
zurückzuführen auf das mittelniederdeutsche
„venne" (niedriges Weideland mit moorigem
Untergrund) und das altfränkische „fenne".
Als Grundwort wird „Fenne" oft zur Bildung
von Flurnamen gebraucht.

Fething Regenwasser war und ist immer noch
kostbar auf den Halligen und Warften an der
nordfriesischen Küste. Der wie ein kleiner
Teich aussehende „Fething" sammelt das Regenwasser, das als Viehtränke diente. Das
Trinkwasser wurde in einer gesonderten Zis-
terne, dem „Sood", aufgefangen.

Fettnäpfchen „Da bist du aber mal wieder gehörig
ins Fettnäpfchen getreten." Das hört man gele-

gentlich, wenn sich jemand gegenüber einer anderen Person „vorbeibenommen" und damit ihren Unwillen erregt hat. Wie ist es zu diesem Sprachbild gekommen? Früher hat in Bauernhäusern nahe dem Ofen für die Eintretenden ein Topf (Pott) mit Stiefelfett gestanden. Damit mussten die nassen Stiefel unverzüglich eingerieben werden. Trat jemand versehentlich in diesen Topf und hinterließ Flecken auf den Dielen, rief er verständlicherweise den Unmut der Hausfrau hervor. Manche Menschen, die sich ständig vorbeibenehmen, bezeichnet man auch als „Stinkstiefel".

Feudel Der Feudel ist ein Scheuerlappen aus grobem Tuch, häufig auf dem Lande auch aus Sacktuch hergestellt. Man benutzt ihn zum Reinigen der Fußböden, indem man ihn um einen Schrubber (Schrubbbürste) windet, der an einem langen Stiel angebracht ist. Dieser Schrubber wird in einigen Landesteilen (unter anderem in Dithmarschen und auch in Hamburg) als „Leuwagen" bezeichnet. Im Übrigen ist der Feudel ein Allerweltsputzmittel.

Fiduz Wenn jemandem eine Arbeit nicht schmeckt, er/sie keine rechte Lust verspürt, sich mit einer Sache ausgiebiger zu befassen, hört man häufig: „Dor heff ik keen rechten Fiduz to" (Dazu habe ich keinen rechten Fiduz). Der Hinweis auf das lateinische „fiducia" (Selbstvertrauen, Mut) sei an dieser Stelle erlaubt.

fiecheln Wenn zwei miteinander „fiecheln", dann liebkosen sie sich, streicheln einander zärtlich, und das in allen Landesteilen. „Fiechelt" der junge Mann mit seiner Liebsten „rum", ist er zärtlich um sie bemüht. „Fiechelt" sie ihm „in't Gesicht", „langs de Backen" und „um'n Baart", will sie ihm schmeicheln, ihm möglicherweise etwas entlocken. In und um Bornhöved herum hört man häufig beim Anblick eines Regenbogens diesen Satz: „Nu fiechelt de Paster mit sien Fru" (Nun liebkost der Pastor seine Frau).

Wenn das „Fiecheln" in der Öffentlichkeit unanständige Formen annimmt, besonders auf Festlichkeiten, heißt es: „Kiek mol, de fiechelt un friegt miteenanner" (poussieren herum). Wenn „de Sünn (Sonne) un de Wind ehr över't Gesicht fiechelt", wird es zumeist literarisch. Einen Schmeichler nennt man einen „Fiechelbroder", eine Schmeichlerin eine „Fiechelkatt" und einen süßen Mund einen „Fiechelmund". Mir scheint, wir haben genug „gefiechelt". Aber kann man davon wirklich genug kriegen?

fief Hiermit wird die Zahl Fünf bezeichnet. Um sie herum ranken sich viele Redensarten, so wie diese: „He is so dösig, he kann nich bit fief tellen" (Er ist so dumm, er kann nicht bis fünf zählen). Hält man jemanden für „gerissen", sagt man über ihn: „He weet, waveel fief un dree sünd" (Er weiß, wie viel fünf und drei sind). Will man ihm drohen (auch scherzhaft), ruft man: „Kriggst glieks fief Finger in't Gesicht!" Und hat jemand seine fünf Sinne nicht beisammen, heißt es: „He hett sien fief nich op'n Dutt" (auf dem Haufen).

fies „Was ist das nur für ein fieser Typ!", heißt es umgangssprachlich, wenn man einen Menschen als ekelhaft, widerwärtig, abstoßend und unsympathisch empfindet.

Dieses Adjektiv ist aus dem 17. Jahrhundert bezeugt, es geht offenbar auf das mittelniederdeutsche „vîs" und das niederländische „vies" zurück, ist aber nicht eindeutig erklärt. Vielleicht ist es auch in Zusammenhang mit dem mittelhochdeutschen „vist" (Blähung) zu bringen.

Filister „Du büst mi aver en Filister!", sagt man im Plattdeutschen zu einem schlauen, hinterlistigen und hinterhältigen Menschen. Wir kennen im Hochdeutschen den „Philister" studentischer Prägung. Gemeint ist der „beschränkte" Spießbürger, der in der Politik und der Literatur seit Schiller volkstümlichem Hohn und Spott ausgesetzt wird. Angelehnt ist dieser Begriff an den Stammesnamen der Philister im Alten Testament.

Flaag, Flöög Darunter verstehen wir einen plötzlichen, heftigen, rasch vorbeigehenden Regenschauer. In Verbindung mit Wetterregeln kennen wir aus Kiel und Umgebung diesen Spruch: „Schient de Sünn op'n natten Steen, lett en anner Flaag sik sehn" (Scheint die Sonne auf einen nassen Stein, ist der nächste Schauer nicht weit). Und auch diesen: „Dor treckt al wedder en Flaag op." Im übertragenen Sinne für Ausschelte heißt es vielerorts: „Mann, dor heff ik vun mien Fru aver en Flöög kregen!" (Da hab' ich von meiner Frau aber

eine Abreibung bekommen). Das Wort
stammt vom mittelniederdeutschen „vlage"
und ist verwandt mit dem dänischen „flage"
und dem englischen „flaw".

Flensburg: Handball-Hochburg
Leidenschaft in der „Hölle Nord"

Flensburg ohne Handball – einfach unvorstell-
bar. Seit Jahrzehnten definieren sich die Förde-
stadt und ihr Umland über den Spitzensport
mit dem kleinen Lederball. Seit Generationen
feiert und leidet eine ganze Region mit der SG
Flensburg-Handewitt und ihrer Vorgängerin,
der SG Weiche-Handewitt. Jedes Heimspiel
lebt von viel mehr als nur vom Sport. In der
Campushalle wird gezittert, gehofft, gesiegt,
selten verloren und viel gefeiert. Die Leiden-

schaft der Fans macht die Spielstätte zur ge-
fürchteten „Hölle Nord". Die Halle bietet die
größte Stehplatztribüne der Bundesliga, auf
der deutsche und dänische Fans gemeinsam
trommeln, klatschen und singen, denn das
Team der SG ist seit vielen Jahren gespickt mit
dänischen Nationalspielern. Mit den Erfolgen
und Pokalen – Höhepunkt war die Meister-
schaft 2004 – zog eine zweite Feierkultur ein.
Top-Spiele sind nun auch gesellschaftliche Ereignisse. Statt in Jeans und mit Bier in der
Halle wird auch in Joop und mit Prosecco in
der feinen Lounge des Sponsorenclubs angestoßen. Doch nach entscheidenden Schlachten
gibt es keine Unterschiede, dann mischen sich
alle Fans zu einer in der Liga einzigartigen,
viel beneideten großen SG-Familie zusammen – und feiern bis in den frühen Morgen.
www.sg-flensburg-handewitt.de

Flensburg: Rumregatta / Apfelfahrt
Gaffelsegler im Arbeitseinsatz

Was im Jahr 1979 mit der Gründung des Flensburger Museumshafens begann, führte ein halbes Jahr später zur ersten Rumregatta in Flensburg. Mittlerweile hat sie sich zum größten
nordeuropäischen Treffen von historischen,
gaffelgetakelten (siehe *Gaffel*) Arbeitsschiffen
gemausert. Einiges hat sich verändert, jedoch
sind zwei Punkte seit den Anfängen gleich geblieben: Planung, Durchführung und Ablauf
dieses Festes werden immer noch mit viel eh-
renamtlicher Energie und großem Aufwand

vom Museumshafen Flensburg organisiert.
Und der Termin ist immer noch zu Himmel-
fahrt. Wurde die erste Rumregatta 1980 mit
26 Slups, Ketschen und Schonern gestartet,
sind es heute bis zu 120 gaffelgetakelte
Schiffe. Typisch für das Landprogramm: Es
gibt nur „handgemachte" (unplugged) Musik;
Verstärker oder Lichtshows sind verpönt. Dazu
kommt der historische Gaffelmarkt vor dem
Museumshafen: Treffpunkt für altes Handwerk, für Seiler, Schmiede, Knotenmacher,
Bootsbauer, Drechsler und Segelmacher. Die
Rumregatta hat im Herbst ihr Gegenstück: die
Apfelfahrt in der zweiten Oktoberhälfte. Wie
in der Vergangenheit werden Äpfel aus dem
Flensburger Umland mit den alten Schiffen
unter Segeln über die Förde nach Flensburg
transportiert und am Museumshafen direkt

von Bord verkauft. Dazu gibt es für die vielen
„Sehleute" den ersten Apfelpunsch der Saison.

Flensburger Dampf Rundum
Wo es raucht und schmaucht

Es fing 1984 ganz klein an. Der winzige däni-
sche Dampfer „Skjelskør" steuerte zum ersten
großen Hafenfest den Flensburger Hafen an.
Das dänische Schiffchen zog am Flensburger
Fördedampfer „Alexandra" vorbei, der am Kai
auf seine Restaurierung wartete. Dampfer-
Rundtouren, gemütliche Stunden an Bord mit
Akkordeon-Klängen und die Nostalgie der
Schiffsveteranen weckten den Entschluss: Solche Dampfer-Treffen muss es wieder geben.
Kurz darauf schob der im Hamburger Museumshafen Oevelgönne beheimatete Eisbrecher
„Stettin" seinen riesigen Bug in die Förde und
zeigte den Flensburgern, wie die Erhaltung
eines Museumsschiffes funktionieren kann.
Dann machten die „Alexandra-Freunde" richtig Dampf: Sie luden 1993 die deutschen und
skandinavischen Dampfer nach Flensburg ein.
Als die Rauchwolken über dem Flensburger
Hafen immer dichter wurden, stand der Name
des Spektakels fest: „Flensburger Dampf
Rundum". Die Veranstaltung schlug so gut
ein, dass dieses Dampf-Treffen heute zu Wasser und zu Land das größte Nordeuropas ist
und jedes Jahr mit einer ungeraden Zahl im
Sommer veranstaltet wird. Hunderttausende
Besucher sind von vormittags bis Mitternacht
dabei. Wer an Land bleibt, kann auch hier alte

Dampfrösser bewundern – von der Dampflok
bis zur Dampfwalze.
www.flensburger-dampf-rundum.de

Flensburger Hofkultur
Musik im Hinterhof

Vier Wochen lang ab Mitte Juli werden in den
alten Kaufmannshöfen in der Flensburger Innenstadt kleine Bühnen aufgebaut. Einheimische und Touristen erleben dann Musik aus
aller Welt – groovy, jazzig oder folkig. Nicht
nur das Programm, auch das Ambiente ist
einmalig. Und auf den lauschigen Plätzen,
umgeben von alten Speichern aus dem
18. Jahrhundert, in denen einst Rum und andere Handelswaren gelagert wurden, kommt
schnell Feierlaune auf. Sind die Konzerte vorbei, ist noch lange nicht Schluss. Das Festival
hat seine eigene „Szene". So erwachen die

Höfe einen Monat lang im Sommer zu neuem Leben. Und auch wenn nicht mehr unbedingt mit Rum aus der Karibik angestoßen wird, bleiben die geistigen Getränke doch wichtiges Elixier. Beim Blick auf das 20. Jubiläum der Flensburger „Hofkultur" im Jahr 2014 verrät der „Vater" des Festivals einen ganz besonderen Plan: Vielleicht werde zu diesem Anlass ein eigener Wein kreiert – der Hofkultur-Wein.

www.hofkultur.flensburg.de

Fluchten Im Dezember wurden in vielen Haushalten des Landes Weihnachtsgänse geschlachtet. Nach dem Rupfen und Ausnehmen dachte man immer auch zugleich an das rein Praktische. Das belegt diese Anweisung einer Bäuerin an ihre Helferin: „Legg man twee Fluchten bisiet, de bruukt wi för de Seimaschien Mit de Handuul kummt en dor nich so goot mank as

mit een Fedderflucht" (Leg mal zwei Flügel
beiseite, die brauchen wir für die Sämaschine.
Mit dem Handfeger kommt man nicht so gut
dazwischen).

Flunkern Denken wir an Till Eulenspiegel (Ulen-
spegel), denken wir an all seine „Flunkereien",
an die Lügengeschichten, von denen es in der
Literatur unzählige gibt. Aber auch umgangssprachlich wird häufig „geflunkert", wenn
man zum Beispiel bei einer harmlosen Un-
wahrheit ertappt wird. Das gilt besonders bei
Kindern, die sich gegenüber ihren Eltern für
geringfügige Unregelmäßigkeiten verantwor-
ten müssen. Dieses Verb wird zuerst im
18. Jahrhundert niederdeutsch bezeugt und ist
kurz darauf ins Hochdeutsche übergegangen.
Es bedeutete wie im niederländischen „flonke-
ren" glänzen, schimmern, schließlich glänzen
wollen und damit aufschneiden.

Flunsch „Treck man blots nich so'n Flunsch!"
(Zieh mal bloß nicht so einen Flunsch), sagte
die Mutter zu ihrer Tochter, als sie der den
Kinobesuch verweigerte. Gemeint hatte sie
den aufgeworfenen Schmollmund, mit dem
die Tochter auf die Ablehnung der Mutter rea-
giert hatte. Zugrunde liegt dem Wort das in
allen deutschen Mundarten verbreitete um-
gangssprachliche „flennen" für weinen, heu-
len, abgeleitet vom althochdeutschen „flammen" (den Mund verziehen). Mit „Flunsch"
verwandt ist der Fachausdruck für das ver-
breiterte Anschlussende von Rohren
„Flansch".

Fock, Fockfest Das Ernteende war in den vergangenen Jahrhunderten in unserem überwiegend agrarisch ausgerichteten Land und im nördlichen Dänemark (Alsen) ein Höhepunkt im Jahr, der besonders gefeiert wurde (Fockfest). Hierzu gab es den „Fock" (dänisch „fog"), einen Erntestrauß, der aus Blumen und einer Handvoll Ähren zu Garben gebunden und mit bunten Bändern geschmückt wurde. Nach getaner Arbeit bekamen die Erntearbeiter, bevor das eigentliche Fockfest begann, ein Fockbier (siehe auch *Arnbeer*). In der Seemannssprache verstehen wir unter „Fock" (w.) das dreieckige Vordersegel eines Schiffes.

Föhr on Fire
Inselnacht mit Feuerwerk

Jedes Jahr am zweiten Wochenende im August verwandelt sich der Binnenhafen von Wyk auf Föhr in eine bunte Meile. Rund um das Hafenbecken stehen Buden und Verkaufsstände, gibt es Kitsch und Kunst sowie Souvenirs und außerdem Leckereien aus aller Herren Länder. Und tolle Live-Musik, für die der Güterschuppen der Wyker Dampfschiffs-Reederei (W.D.R) zur Bühne umgebaut wird. Das Hafenfest ist längst ein Klassiker im sommerlichen Veranstaltungsprogramm der Insel Föhr, das nicht nur Gäste, sondern auch Einheimische anzieht. Besonders sonnabends, wenn zum Höhepunkt und Abschluss der zweitägigen Veranstaltung das große Feuerwerk „Föhr on Fire" auf dem Programm steht. Der Kasseler

Feuerwerkskünstler Joachim Schon präsentiert dann von einem Ponton vor dem Hafen-
strand aus atemberaubende Kompositionen
aus Lichteffekten und Musik. Das nächtliche
Spektakel können übrigens auch Tagesgäste
genießen, denn anschließend fährt eine Son-
derfähre zurück zum Festland. *www.foehr.de*

Foot – Fööt Unzählige Redewendungen befassen
sich mit dem Fuß oder den Füßen. Hat jemand beim Kartenspielen „schlechte Karten"
oder liegt er beim Tennismatch hoffnungslos
zurück, sagen die Plattdeutschen: „He kriggt
keen Foot an de Eer" (bekommt keinen Fuß
auf die Erde). Gelingt ihm ein gutes Werk,
„hett dat Hand un Foot" (Sinn und Verstand).
Steht er jemandem im Weg, ruft man ihm zu:

„Weg hier, du steihst mi ünner de Fööt!" Mit „Klei mi an'e Fööt (ok an'n Mors)" (Kraul mich an den Füßen/am Hintern) gibt man dem Gegenüber zu verstehen, dass man über ihn verärgert ist und auf seine weitere Anwesenheit verzichten möchte. Spurt jemand nicht so, wie man es gerne möchte, ruft man ihm zu: „Ik will di woll Fööt (Benen) maken" (Ich will dir wohl Füße/Beine machen). Und Kinder, die viel stolpern, müssen sich oft anhören: „Nu bör dien Fööt doch wat höger!" (Nun heb' deine Füße höher an). Aber auch dieses: „Du fallst jo över dien egen Fööt", wenn sie sich tollpatschig und allzu ungeschickt anstellen.

Fregatt(e), ole „Fregatt" war die scherzhafte Bezeichnung für dreikantige Männerhüte, die man besondes zu Beginn des 19. Jahrhunderts auf Fehmarn trug. Das Aussehen dieser Hüte war angelehnt an die dreimastigen segelnden Kriegsschiffe, die als Begleitschiffe fungierten. Gesichert ist der romanische Ursprung dieses Wortes wie im französischen „frégate" oder im italienischen „fregata".

Die plattdeutsche Sprache hat sich dieses Bildes in der Redewendung „De dore ole optakelt Fregatt" bedient, wenn damit eine ältere, besonders „aufgetakelte", aufgedonnerte Frau beschrieben werden soll.

Friesische Trachten
Feiern in Schwarz-Weiß

Die traditionellen Trachten werden in den meisten Regionen des Landes nur noch zu besonderen Veranstaltungen aus dem Schrank geholt. Auf den Inseln Föhr und Amrum gibt es etliche Trachtengruppen, die bei Dorffesten, Sonnenwendfeiern oder Heimatabenden ihre Tänze vorführen. Doch die Frauen auf Föhr und Amrum tragen ihre Tracht nicht nur, um den Gästen schöne Fotomotive zu bieten – sie legen das schwarz-weiße Festtagskleid mit dem prachtvollen Brustschmuck aus Silberfiligran auch zu ganz privaten Anlässen an. Erstmals dürfen die jungen Mädchen die oft schon über Generationen vererbte Familientracht bei ihrer Konfirmation tragen. Manche Insulanerin nimmt ihr Schulabschluss-Zeugnis statt in festlicher Kleidung in Tracht entgegen, geheiratet wird sowieso in Schwarz-Weiß und nicht in Weiß. Auch bei besonderen Veranstaltungen, beispielsweise bei Konzerten des Schleswig-Holstein Musik Festivals, kann man gelegentlich im Publikum Friesinnen in Tracht sehen. Trachtenfeste beim Landestrachtenverband (LTV): *www.heimatbund.de*

fuchtig, hol di Verabschieden sich Menschen, rufen sie einander häufig zu: „Hol di fuchtig!" Sie meinen damit, man solle sich frisch, munter und gesund erhalten. Das Adjektiv „fucht" (feucht) kann nur bedingt als Ableitung herhalten, und zwar nur dann, wenn man „feucht" auch als „frisch, kühl" interpretiert. „Fuchtig" bedeutet vielmehr umgangssprachlich „zornig, erregt, aufgebracht", was wir auf das schweizerische „fuchten" (zanken) und „Fucht" (Streit, hastige Armbewegung) zurückführen können. Der Ursprung liegt im Verb „fechten".

füken, Fük

Wenn der Schnee ordentlich weht und stiebt, sprechen die Flensburger und Angeliter von „füken". „Dat is recht so'n Dreedagsfük", sagen sie, wenn das Schneetreiben drei Tage anhält. Im Dänischen heißt es „fyge". Kommt Besuch bei Schneetreiben ins Haus, ruft man ihm schon mal zu: „Mach die Tür zu, es fükt!"

Fußwärmer Unter kalten Füßen leiden viele Menschen, besonders Frauen. Linderung bieten in der Regel warme Socken und wärmendes Schuhzeug. Früher behalfen sich die Menschen mit einem Fußwärmer, auch „Kiek" genannt. Das war ein Behälter, der aus Messing oder Eisen bestand und überall mit hingenommen werden konnte. Mittendrin war ein irdenes Gefäß, in dem ein Stück Kohle oder Torf glühte. Darüber war eine löchrige Abdeckplatte angebracht, damit die Wärme zu den Füßen und Beinen aufsteigen konnte.

füünsch Kaum ein plattdeutsches Wort wird so oft verwendet wie das Adjektiv „füünsch". Es wird vorwiegend in der Bedeutung „aufgebracht, zornig, wütend" gebraucht, seltener als „bös, bösartig, hinterhältig":

„Mann, wat weer sien Olsch füünsch, as Krischan spritenduun vun den Kegelavend na Huus keem. ‚Kiek mi nich so füünsch an', hett he ehr toropen, as he över den Drümpel stültern dä, ‚ik heff doch man blots en Glas Beer drunken.'" (Mann, was war seine Alte böse, als Christian sturzbetrunken vom Kegelabend nach Hause kam. „Schau mich nicht so füünsch an", hat er ihr zugerufen, als er über die Türschwelle stolperte, „ich hab' doch bloß ein Glas Bier getrunken.")

Woher dieses Wort stammt, ist nicht gesichert. Am wahrscheinlichsten von allen Deutungsmöglichkeiten ist die Ableitung von dem Substantiv „Fün" (plötzliche Aufwallung, Eingebung), das erstmalig im 16. Jahrhundert auftaucht.

Gaanich (gar nicht) um kümmern Die Wirren des Lebens haben Marie Holst, eine betagte, aber noch rüstige Rentnerin, abgeklärt gemacht. Sie wohnt in einem großen Wohnblock und sieht sich täglich mit Tratsch und Klatsch konfrontiert. Ein bekanntes niederdeutsches Theaterstück „Sluderien in't Treppenhuus" (Schludereien im Treppenhaus) hat sich auf eine humorvolle Art und Weise dieses Themas angenommen. Auch Marie Holst schmunzelt, wenn ihr die eine oder andere Ehegeschichte zugetragen wird, und winkt dann mit der tiefsinnigen Bemerkung ab: „Gaanich um kümmern." Diesen Spruch hat sie so verinnerlicht, dass er bis auf den heutigen Tag als gesticktes Bild in ihrer Stube hängt.

Gaffel Mit „Gaffel" verbinden wir zuallererst Begriffe aus der Seemannssprache, zum Beispiel Gaffelsegel und Gaffelmast. „Gaffel" ist niederdeutsch und bezeichnet seit dem 17. Jahrhundert auch die Segelstange mit gabelförmigem Ende. „Gaffel" hat sich aus dem mittelniederdeutschen „gaffele" entwickelt, das „gegabelter Ast" bedeutet und mit dem hochdeutschen „Gabel" identisch ist. Einen solchen, mehrfach gegabelten Ast benutzte man früher als Forke zum Aufschütten und Wenden des Heus oder des Strohs beim Dreschen („Döschen").

gaffen „Dat gafft", sagt man in Kappeln und Umgebung und meint damit, dass noch „Luft" dazwischen sei. Der Ursprung ist im mittelniederdeutschen Verb „gapen" (den Mund aufsperren, jappen, japsen, nach Luft schnappen)

und im Nomen „Gaps" (Loch, Lücke) zu suchen (friesisch „gâp", dänisch „gab" = Rachen,
Schlund). Im niederländischen „gapen" und
im schwedischen „gapa" finden wir die Syno-
nyme für „gähnen, klaffen, gaffen, den Rachen
aufreißen und schreien" wieder.

„Wenn de Plank gaapt", dann hat die Planke
Ritzen, ist undicht, dann ist unsauber gearbei-
tet worden. „Wat gaffst du mi so an!", ruft man
einem Menschen zu, der einen mit offenem
Mund anstarrt.

gammeln, gammelig, Gammel Wenn etwas gammelig ist, ist es alt, abgestanden, faulig und
verdorben. So spricht man auch von einem
„Gammelkäse", der seine Qualität besonders
durch sein Alter erhält. Im mittelniederdeutschen „gameln" finden wir den Hinweis auf
das Altwerden. Alte Leute werden hier in he-
rabsetzender Weise als „Gammel" bezeichnet,
so auch alte, magere Pferde. Aus Dithmarschen ist überliefert, dass der Teufel seine
Großmutter, „du scheewe (schiefe) Gammel"
nannte. Die Alkoholkenner diesseits und jenseits unserer nördlichsten Grenze sind felsen-
fest davon überzeugt, dass der Begriff „Gammel" abgeleitet worden ist vom dänischen
Aquavit „Gammel-Dansk".

Wir kennen das Verb „gammeln" aber auch im
Zusammenhang mit untätig sein, faul und
ziellos in den Tag hineinleben.

Gedöns Umgangssprachlich verwenden wir dieses
Wort in den Redewendungen „Wat för'n Gedöns!" oder „Mach da man bloß nich so'n

Gedöns von" im Sinne von: „Was für ein Wirbel!" oder „Mach da nur bloß nicht so viel Aufhebens (auch Wind) von."

Geleit Verabschiedet man seinen Besuch in Nordfriesland, der ohne Begleitung erschienen ist, an der Haustür, gibt man ihm diese wohlgemeinten Worte mit auf den Weg: „Nimm Geleit mit!" „Geleiten oder Geleit" ist mittelhochdeutschen Ursprungs („geleiten, geleite") und bedeutete, dass man jemanden begleitend beschützte. Dazu passt auch der „Geleitschutz", den man zum Beispiel Politikern oder anderen hochrangigen Persönlichkeiten durch eine Polizeieskorte gewährt, sowie der Lotse, der große Schiffe sicher in den Hafen führt (lotst).

Geschirr Dieses Wort bezeichnet zunächst Arbeitsgeräte und Vorrichtungen, sowohl in der Landwirtschaft, im Handwerk als auch in der Fischerei. Sollten die Pferde angespannt werden, musste ihnen vorher das „Geschirr" (Zaumzeug) angelegt werden. Nach der Art und Weise, wie Menschen mit ihrem Geschirr umgehen, hat sich das geflügelte Wort gebildet: „Wie der Herr, so das Gescherr (Geschirr)." Setzt sich jemand besonders für eine Sache (auch Menschen) ein, spricht man davon, „dat he sik bannig in't Geschirr leggt" (dass er sich mächtig ins Geschirr legt, wie bei einem tüchtigen Arbeitspferd). Eine allzu dicke Frau musste sich schon mal den Satz gefallen lassen: „Mann, is de aver ut' Geschirr lopen!" Mit Geschirr meinte man wohl das Korsett.

Gieg, Gigg Als „Gieg" (auch Gigg) bezeichnete man früher zunächst einen zweirädrigen Wagen, ausgehend vom französischen „gigue". Der Einfluss des Französischen auf die plattdeutsche Sprache ist seit der Verbannung der Hugenotten aus Frankreich und ihrer Aufnahme in Preußen (17. Jahrhundert), und später durch die Besetzung größerer Teile Norddeutschlands durch französische Soldaten während der Napoleonischen Kriege im ersten Jahrzehnt des 19. Jahrhunderts besonders stark. Umgangssprachlich nannte man irgendwann einmal alle heruntergekommenen zweirädrigen Karren, auch Fahrräder, „alte Gieken", sogar als Schimpfwort für Frauen musste dieses Wort herhalten.

Glattmuul Das Adjektiv „glatt" in der Bedeutung von blank, glänzend, eben, das hier mit dem Substantiv „Muul" verbunden ist, geht auf das althochdeutsche „glat" (glänzend) zurück. Im Englischen begegnet uns „glad" (fröhlich, strahlend, heiter), im Schwedischen ebenfalls „glad". Ein „Glattmuul" ist streng übersetzt ein „Glattmaul" in der vorbezeichneten Bedeutung. Im übertragenen Sinne verstehen wir darunter einen Schmeichler, auch „Glattsnacker" oder „Snutensnacker", einen, der einem anderen nach dem Munde (Maul) redet.

Glücksburger Ostseeman
Hawaii-Fieber an der Förde

Gestählte Körper, brutale Langdistanzen, Leidenschaft und Leid ganz dicht beieinander.

Der Mythos „Ironman" lebt nicht nur auf Hawaii. Er wird seit 2002 auch an der Flensburger Förde gefeiert – von mehr als zehntausend Triathlon-Fans. 3,8 Kilometer Schwimmen, 180 Kilometer Radfahren, danach noch einen Marathon von 42 Kilometern – Respekt und Faszination begleiten immer am ersten Sonntag im August die 1500 Athleten des Glücksburger Ostseeman bei der Meisterung dieser Herausforderungen. Höhepunkt des Tages ist der Massenstart ins offene Meer. Schon ab sechs Uhr früh pilgern Tausende dafür an den Strand, mit Klappstühlen, Decken, Verpflegung, Tröten und Rasseln. Hautnah erleben die Zuschauer, wie sich die in Neopren gehüllten Athleten einschwimmen, auflockern und sich nur noch auf den Wettkampf konzentrieren. Um Punkt sieben löst sich mit dem Startschuss die Spannung: Wie ein großer Fisch-schwarm peitschen die Athleten durch die Ost-see. Auch an der Rad- und Laufstrecke wird Triathlon zelebriert. Einige Fans kostümieren sich, viele Zuschauer richten sich an den Stre-cken häuslich ein, denn ein Ironman verlangt auch vom Publikum Langdistanz-Qualitäten. Um 22 Uhr – 15 Stunden nach dem Start – wird das Ziel mit den letzten einlaufenden Teilnehmern geschlossen. Danach beendet ein Feuerwerk dieses sportliche und gesellschaft-liche Ereignis, das zu den schönsten und bes-ten Triathlon-Veranstaltungen weltweit gezählt wird. *www.ostseeman.de*

Glückstädter Matjeswochen
Erst der Anbiss, dann das Vergnügen

Jungfräulich ist er und lecker: der Glückstädter Matjes. In der Elbestadt frisch verarbeitet, ist die Delikatesse mittlerweile zum Markenzei-chen der Stadt geworden. Seit 1968 gibt es jährlich ein Volksfest zu Ehren des Fisches. Je-weils ab dem zweiten Donnerstag im Juni wird vier Tage lang in der Stadt und am Hafen gefeiert. Traditionell starten die „Glückstädter Matjeswochen" mit dem Anbiss in den ersten, frisch gefangenen Matjes auf dem Marktplatz. Hunderte von Besuchern warten dann ge-spannt darauf, dass das große Holzfass geöff-net wird, die Prominenz in den ersten Matjes der Saison beißt und ihr Urteil abgibt. Der Glückstädter Matjes ist deshalb eine Besonder-

heit, weil der frische Hering per Hand gekehlt (eine besondere Form des Ausnehmens) und nach alten Rezepturen eingelegt wird. Die „Glückstädter Matjeswochen" gehören zu den größten Volksfesten des Landes, auch wenn die Heringsfischerei vom alten Hafen an der Elbe bereits 1976 eingestellt wurde. *www.glueckstadt-tourismus.de*

gluupsch Dieses Adjektiv wird im Plattdeutschen viel gebraucht und hat eine mehrfache Bedeutung. Es geht auf das mittelniederdeutsche „glûpesch" zurück. Zum einen meint man damit in der Redewendung „He keek mi so gluupsch an", dass jemand tückisch, lauernd und falsch ist, gleichzeitig aber auch jemanden misstrauisch anschaut. Tritt ein Ereignis unvermutet ein, heißt es zum Beispiel bei den Fischern: „Dat weer en gluupschen Tog" (ein unerwarteter Fang). Von einem ungestümen Menschen sagt man: „He hett af un to (ab und zu) so gluupsche Schuurn (Schauer)." Und schließlich kennen wir auch die „Gluupogen" (Glotzaugen), womit die Kühe gemeint sind.

Goldammer Was waren das doch für anrüchige Zeiten, als man, auch bei winterlicher Kälte, über den Hof zum Häuschen mit dem ausgeschnittenen Herzchen musste, um dort auf dem Plumpsklo sein „Geschäft" zu verrichten. Die Entsorgung erfolgte häufig mit dem „Goldammer" (oder auch „Goldemmer", also dem Goldeimer) im Garten zur Düngung. Anrüchig ist es auf dem Lande geblieben – durch die Gülle.

goot slapen Von Bauern (heute Landwirten) hat es oft geheißen, sie seien einfältig, schlitzohrig, auf ihren eigenen Vorteil bedacht und verfügten über einen eigenartigen, hintersinnigen (achtersinnigen) Humor. So muss man auch diesen Spruch verstehen und einreihen in die Liste der unzähligen „Vertellen" (Geschichten, Erzählungen), die sich seit dem Mittelalter, insbesondere in dem „Rollwagenbüchlein" von Georg Wickram, um den Bauern ranken.
„Wenn ik nachts goot slapen schall", sä de Buer, „mutt ik an'n Dag mien Roh hebben" („Wenn ich nachts gut schlafen soll", sagte der Bauer, „muss ich am Tage meine Ruhe haben").

Göps(en) Eine Leserin aus dem Kreis Rendsburg-Eckernförde erinnert sich, dass ihre Schwiegermutter jede Menge, die sie mit zwei Händen aufnehmen konnte, als „Göpsen" bezeichnete. Wenn sie beispielsweise Kartoffeln wusch und schälte, dann rechnete sie eine Handvoll geschälter Kartoffeln für eine Person. In Dithmarschen, vor allem an der Küste, wurden früher Krabben (Kraut) „göpsweise" verkauft.
„Göps" ist die Höhlung, die durch das Aneinanderlegen der beiden Handflächen entsteht, und die Menge, die man darin halten kann. Da die Handflächen unterschiedlich groß sind, war dieses Maß nicht immer zuverlässig.

Gör(en) Also, wenn sich die Gören bei Oma und Opa zu Besuch angemeldet hatten, ging es im Hause schon eine Woche vorher „hild" (geschäftig) zu. Alles was nicht niet- und nagelfest war, kam in die Abseite. „Dass sie mir ja nicht mit ihre Losamenten (lose Finger) überall beikommen", seufzte Oma ein ums andere Mal, und Opa schloss sich mit der Bemerkung an, in den Garten dürften sie nur unter seiner Aufsicht.

Natürlich ist das alles „Schnee von gestern", denn solche Großeltern gibt es heute ganz gewiss nicht mehr. Freche Gören, also ungezogene kleine Jungen und Mädchen, aber möglicherweise doch. „Gör(e)" stammt aus dem Niederdeutschen und ist im 17. Jahrhundert fester Bestandteil der hochdeutschen Sprache geworden. Das Substantiv bedeutete ursprünglich „kleines, hilfloses Wesen", später wurden die Mädchen damit abwertend als ungezogen bezeichnet.

Ganz anders, geradezu liebevoll, geht der niederdeutsche Dichter Klaus Groth in einem Abschnitt seines bekannten Gedichtbandes *Quickborn* („Voer de Goern", für die Kinder) mit den „Gören" um. Hier ein Auszug aus seinem Gedicht „Still, mien Hanne".

Still, mien Hanne, hör mi to!
Lütje Müse pipt int Stroh,
Lütje Vageln slapt in Bom,
röhrt de Flünk un pipt in Drom.

(Sei still, meine Hanne, hör mir zu!
Kleine Mäuse pfeifen im Stroh,
Kleine Vögel schlafen im Baum,
bewegen die Flügel und piepen im Traum.)

Die plattdeutsche Schreibweise ist original von Groth übernommen worden.

Göt Hierunter verstehen wir im Plattdeutschen einmal den Teil der Küche, in dem früher abgewaschen und das schmutzige Wasser ausgegossen wurde. Das Abflussloch wurde auch „Götlock" genannt. „Göt" leitet sich vom mittelniederdeutschen „gôte" ab und bedeutet „Guss", zugrunde liegt ihm das Verb „geten" (gießen). Außerhalb der Küche nennt man „Got" die Abflussrinne des schmutzigen Wassers und auch den „Rinnsteen" (Rinnstein).

Gott – Büxen Wehleidig klagenden Menschen, die stets von halb leeren statt von halb vollen Gläsern sprechen und alles Zukünftige fatalistisch als vorherbestimmt ansehen, ruft man in der Landschaft Schwansen gern zu: „Gifft Gott Jungs, gifft he ok Büxen!" (Gibt Gott Jungen, gibt er auch Hosen). Auch das zuversichtliche „Dat löpt sik allens trech" (Das läuft sich alles zurecht) ist in diesem Zusammenhang häufig zu hören. Im nächsten Spruch muss Gott noch einmal herhalten: „Lett Gott Jungs wassen, lett he ok Stöcker wassen" (Lässt Gott Jungs wachsen, lässt er auch Stöcke wachsen).

Gottorfer Landmarkt
Ein Fest für Geist und Seele

Es gibt nur wenige Feste, die alle Sinne so beflügeln wie der Gottorfer Landmarkt. Jedes Jahr am Internationalen Museumstag im Mai errichten Biobauern auf der Schlossinsel in Schleswig ihre Stände. Der größte ökologische Landmarkt Deutschlands verwöhnt die Gaumen und hilft Mensch, Tier und Umwelt. Das Markttreiben wird ergänzt durch eine Fülle von Angeboten der beiden Landesmuseen, die im Schloss ihre Sammlungen und besondere Ausstellungen zeigen. Für Kinder gibt es draußen und drinnen Mitmach-Aktionen. Der Barockgarten kann besichtigt werden, und natürlich ist das neueste Werk des „Baummalers" zu bewundern. Er wird jedes Jahr zum Gottorfer Landmarkt neu ausgerufen. Bekannte Maler wie Prof. Klaus Fußmann, Johannes Grützke oder Stephen Conroy sind darunter, die sich von der zur Jahrtausendwende neu angelegten Königsallee entlang des Schlossgartens inspirieren lassen. Weitere Infos: *www.schloss-gottorf.de*

Graap, Grapen „Dor is keen Graap so scheef, dat dor nicht op't letzt en Stülter op passt" heißt ein bekanntes Sprichwort (Es ist kein Topf so schief, dass da letzten Endes nicht auch ein Deckel drauf passt). Ähnlich heißt es im Hochdeutschen: „Auf jeden Topf passt ein Deckel." Im übertragenen Sinne ist damit gemeint, dass Mann und Frau, so unterschiedlich sie auch sein mögen, irgendwann und irgendwie zueinander finden (auch passen). Der „Graap" (Grapen) war früher ein dreibeiniger, eiserner Kochtopf. Seinen Namen hat er vom mittelniederdeutschen „grape, grâpe" erhalten. Wenn im übertragenen Sinne „de Graap överlöppt" (überläuft), meint man, dass jemand kräftig aufgestoßen, gerülpst hat.

grabbeln „Mann, grabbel mi nich so an, ik bün doch nich dien Melkkoh!" (Ich bin doch nicht deine Milchkuh), fuhr das junge Mädchen seinen Tanzpartner an und stieß ihm gegen das Knie, worauf er fluchtartig die Tanzfläche verließ. Er hatte sie schlichtweg „angegrapscht", wie wir heute umgangssprachlich sagen. „Grabbeln" stammt aus dem Niederdeutschen und bedeutet „schnell nach etwas greifen" (grapschen), „etwas tastend befühlen" und „in allem gierig herumwühlen". In den meisten Kaufhäusern finden wir heute im Foyer sogenannte Grabbeltische, auf denen aussortierte Waren zu Niedrigpreisen angeboten werden.

Grabben, Grappen „Wat hett he/se vundag (heute) wedder för Grabben in'n Kopp", sagt man über jemanden, der wieder mal durch seine Launen und wunderlichen Einfälle auf sich aufmerksam macht. Man nennt ihn dann einen „Grabbenmaker" (Faxenmacher, Spaßvogel). Auch diese Redewendung kennen wir synonym: „He/se stickt stief vull Schiet und Undöög" (steckt bis oben hin voll Mist und Unsinn).

grantig Ein grantiger Mensch ist nicht immer ein angenehmer Zeitgenosse. Zumeist ist er übellaunig, verdrießlich (siehe auch österreichisch „granteln"), im Umgang mit anderen bissig, grob, scharf abweisend, heftig und unwirsch. Im Plattdeutschen, besonders in Dithmarschen, auf Eiderstedt und in Nordfriesland sagt man, „dat is en grannigen Minschen". Dieses Adjektiv ist in Verbindung mit dem Nomen „Grand" (grober Kiessand) zu sehen.

Gru, gruen Das Substantiv „Gru" (Grauen) hat sich aus dem mittelniederdeutschen „gruwel" über Stationen wie „Gruul" und „Grugel" endgültig zu dieser Form entwickelt. Das dazugehörige Verb lautet „gruen" (grauen). Will man sein Missbehagen gegenüber einem zu erwartenden Ereignis ausdrücken, sagt man: „Dor geiht mi de Gru vör" oder „Dor grut mi vör" (Davor graut mir).

Grund Im Plattdeutschen kennen wir wie im Hochdeutschen auch das Nomen „Grund". Damit werden die Tiefe und der Boden (Grund und Boden) bezeichnet. „Kriggt he dor keen Grund in" (auch „op"), kann er eine Sache nicht ergründen. Im Gedicht „Ol Büsen" (Altbüsum) von Klaus Groth heißt es in der vierten Strophe:

„Dor weer keen Beest, dor weer keen Hund, de liggt nu al in depen Grund" (auf dem Meeresboden).

Geht jemandem der „Arsch auf Grundeis", hat er große Angst vor etwas, schlottern ihm die Knie (bei dünnem Eis). Konnte jemand bei einer Sache nichts ausrichten, „kreeg he keen Been an'e Grund" (kein Bein auf die Erde).

Grütt (Grütze) Unter „Grütt", hochdeutsch Grütze, verstehen wir Getreideschrot und den daraus hergestellten Brei. Wir können diesen Begriff auf das althochdeutsche „gruzzi", das mittelhochdeutsche „grütze" und das mittelniederdeutsche „grutte" zurückführen. Im Niederländischen sehen wir die Sprachverwandtschaft in „gort", im Englischen in „grit". Grütze war früher das häufigste Gericht auf dem Lande, vor allem morgens und abends. So gab es „Bookwetengrütt" (Buchweizengrütze), „Klottengrütt" (Klottengrütze, die vom Vortag übriggeblieben war), „Melkgrütt" (dünne Gerstengrütze) und „Rode Grütt". War etwas kaputtgegangen, auch eine Ehe, sagte man im übertragenen Sinne: „Dat is in'e Grütt gahn" (ist in die Grütze gegangen). Drohte man jemandem Prügel an, hieß es: „Ik slaag (hau) di to Grütt!"

Gruus un Mus Deutschland lag nach dem Zweiten Weltkrieg vollständig in „Schutt und Asche", in „Gruus un Mus". Dieses anschauliche Wortpaar benutzt man immer dann, wenn man einen Vorgang oder Zustand als absolut, endgültig und unabwendbar, unabänderlich beschreiben will. Wird jemandem eine Tracht Prügel angedroht, heißt es: „Pass op, ik drück di glieks to Gruus un Mus" (Ich drück dich gleich in kleine Stücke).

„Gruus" stammt vom mittelniederdeutschen „grôs" oder „grûs" ab und bedeutet „feines Geröll", in kleine Stücke Zerkleinertes, auch Schutt, „Mus" kennen wir im Hochdeutschen zum Beispiel in den Verbindungen wie Apfel- oder Pflaumenmus.

Güntsiet, op

Wer auf der anderen, der gegenüberliegenden Seite einer Straße oder eines Flusslaufes seinen Besitz hatte, wohnte in Dithmarschen, Steinburg, Angeln, Rendsburg und Flensburg „op Güntsiet". „Günt" heißt „jenseits, dort, drüben, am anderen Ende". Seinen Stamm hat es im mittelniederdeutschen „gunt" und bezeichnet eine Ortsangabe. Eine Leserin aus Oldendorf (Kreis Steinburg) macht auf das Drama „Glocken von Güntsiet" aufmerksam, das zu Zeiten der Pest im 14. Jahrhundert spielt.

Hack, vun Ein Bauer hatte unsägliche Schmerzen im Arm und musste sich eines Tages, so schwer es ihm auch fiel, vom Doktor untersuchen lassen. Der war für seine Gründlichkeit bekannt und fuhr seinen „armen Patienten", der keine Anstalten machte, sich auszuziehen, mit den Worten an: „Mann, nu tier di nich so, ik mutt di vun Hack to Nack ünnersöken!" (Stell dich nicht so an, ich muss dich von der Hacke bis zum Nacken untersuchen). Der Bauer schüttelte ungläubig den Kopf und meinte: „Un dat blots wegen den Arm" (und das nur wegen des Armes).

Hacken Mit den „Hacken" kann es so weitergehen. Nach einer Familienfeierlichkeit hatten sich eingeladene Verwandte bei ihrem nicht unvermögenden Vetter darüber beklagt, dass sie nicht reichlich zu essen bekommen hätten. Nachdem sie murrend abgezogen waren, meinte die Hausfrau: „Vun de sehg ik lever de Hacken as de Töön" (Von denen sehe ich lieber die Hacken als die Zehen). „Hau de Hacken in'n Teer", sagt man in und um Husum herum, wenn sich jemand beeilen soll.

Hacken, pedd sik Von einem hochmütigen Menschen, der vornehm tut, über kleine Leute hinwegsieht und sich überall breitmacht, heißt es: „Mann, wat is de överköppsch und driggt den Steert hooch. De pedd sik op't letzt noch Rundstück in de Hacken" (Was ist der nur hochtrabend und trägt den Hintern hoch. Der tritt sich am Ende noch Rundstücke – Brötchen – in die Hacken).

Hackentrecker Früher machten sich die jungen Mädchen besonders fein, wenn sie zum Tanzen gehen wollten. Dann sagten sie in und um Schleswig: „Hüüt wüllt wi de Hacken trecken" (Heute wollen wir die Hacken ziehen).

Hafer (Haver) Hafer ist eine seit der Bronzezeit in Mitteleuropa angebaute Getreideart. Das Korn wird vielfältig verwertet, so als Schrot für das Pferdefutter oder als Haferflocken. Im Allgemeinen versteht man unter Hafer den gemeinen oder Rispenhafer (Rispe ist der büschelartige Blütenstand). Im Plattdeutschen sprechen wir vom „Haver", auch „Hover". Wenn jemand besonders übermütig ist, sagt man im Hochdeutschen: „Ihn sticht der Hafer", im Plattdeutschen: „Em stickt de Hover."

Hahnbeer „Hahnbeer" (Hahnenbier) ist der Name einer großen Volksbelustigung, vor allem in Norderdithmarschen, in der Landschaft Stapelholm und auf Eiderstedt. Ein aus Holz geschnitzter Hahn (auch ein hölzernes Kreuz) wurde in eine Tonne eingeschlossen, die an einem Pfahl hängend festgebunden wurde. Dann wurde aus einer bestimmten Entfernung mit Holzknüppeln oder -kloben so lange nach der Tonne geworfen, bis sie zertrümmert und der Hahn (früher lebendig) sichtbar wurde. Auf Eiderstedt wurde der Hahn aus der Tonne geboßelt. Der Sieger war der „Hahnenkönig". Dabei soll das Bier in Strömen geflossen sein.

In Heide wird auch heute noch unter großer Beteiligung der Bevölkerung „Hahnbeer" ge-

feiert, und zwar beginnend am Fastnachts-
montag und ausgerichtet von den „Eggen", der
„Norder-, Süder- und Osteregge". Mit „Egge"
bezeichnete man früher Teile (auch Quartiere)
eines Ortes, deren Bewohner gemeinsam Ka-
näle, Straßen und anderes zu erhalten hatten
(heute Stadtteile).

Hand Da hat jemand „zwei linke Hände" (ist ungeschickt), legt „Hand an sich" (nimmt sich
das Leben), „legt die Hände in den Schoß" (ist
untätig), „reibt sich die Hände" (empfindet
Schadenfreude), „zwei Menschen reichen sich
die Hand zum Bunde" (geben sich das Ehever-
sprechen). Dies ist ein winzig kleiner Auszug
aus der Fülle von Redewendungen im Zusammenhang mit der Hand. Wenn Oma nichts zu
tun hatte, wurde sie unruhig. Dann rief sie ihrer Tochter zu: „Hol mi mien Knüttüüch
(Strickzeug), ik mutt wat um de Hand hebben,
anners warr ik noch rammdösig (verrückt)!"
War das nicht greifbar, ging sie ihrer Tochter
in der Küche beim Abwaschen des Geschirrs
„zur Hand". Die gegenseitige Nachbarschafts-
hilfe wurde großgeschrieben. Man unter-
stützte sich nach dem alten lateinischen
Grundsatz: „Manus manum lavat" (Seneca, Pe-
tronius, 1. Jh. n. Chr.). Das heißt schlicht und
einfach: „Eine Hand wäscht die andere", und
auf Plattdeutsch: „En Hand wascht de anner."

hangelbastig Droht ein beschädigter Gegenstand
vom Dach eines Hauses, der Empore in der
Kirche oder vom Küchenschrank herunterzu-
fallen, sagte man, besonders in Norderdith-

marschen, „wat is de hangelbastig!". „Hangel"
bezeichnet etwas Herunterhängendes, „bastig"
bedeutet schrecklich. Gemeint ist, dass etwas
in einem schrecklich schlechten Zustand ist.

Haßmoor: „Superpull"
Trecker-Formel 1 auf dem Lande

Immer am Pfingstmontag liegt Dieselgeruch
in der Luft, zieht dichter schwarzer Qualm
über die Bahn am Scheeder Weg in Haßmoor
(Kreis Rendsburg-Eckernförde). Dann veranstaltet die Deutsche Trecker Treck Organisa-
tion in dem kleinen Ort den „Superpull des
Nordens". Es geht darum, den stärksten Trak-
tor, den geschicktesten Fahrer und das beste
Team zu ermitteln. Dafür reisen Fahrer aus
ganz Deutschland, aber auch aus anderen eu-
ropäischen Staaten an. Gestartet wird in sieben Klassen – von den Minipullern bis zu den
PS-Giganten der 5,4-Tonnen-Klasse mit mehr

als 8000 PS. Der „Superpull" ist ein PS-Spek-
takel, das jährlich mehrere Tausend Zuschauer
anzieht. Und wie bei einem Formel-1-Rennen
wird am Rande der Boxen und unter den Zuschauern feuchtfröhlich der Kampf der Tre-
cker-Boliden verfolgt. *http://superpull.blogspot.de*

Hed as en sked an komt nimer tu ged Dieser
Spruch auf Föhrer Friesisch heißt: „Hätte ist
ein Dreck und wird nie zu Dünger". Dieses ge-
reimte Sprichwort fordert dazu auf, lieber zu
handeln, als immer nur zu sagen: „Hätte ich
bloß ..."

heel un deel Das in diesem „Zweispänner" (Wortpaar) enthaltene Adjektiv „heel" bedeutet so
viel wie „heil, ganz". Wir finden es in Wendungen wie „de heele Welt" (die ganze Welt), „de
heele Spoß" (der ganze Spaß), „De Deern kal-
vert den heelen Dag rüm" (Das Mädchen al-
bert den ganzen Tag herum) und „Ik heff en
heelen Barg to bedenken" (Ich habe eine
ganze Menge zu bedenken). „Deel" ist der Teil,
Anteil eines Ganzen wie in der Formulierung
„He hett sien Deel afkregen" (Er hat seinen
Teil abbekommen). Die Verbindung „heel un
deel" kennen wir heute noch in vielen Landesteilen. Sie bedeutet „vollständig, ganz und gar"
(„Se is heel un deel verbiestert" = Sie ist vollständig durcheinander, verwirrt).

Heen (Henne) Um die Henne („Heen", auch
„Hehn") ranken sich viele Sprichwörter. So
nennt man nicht nur das weibliche Tier der
Gattung Hühner („Höhner"), sondern auch
das vieler anderer Vogelarten. Im Allgemeinen

werden Hühner für dumm gehalten, wie es in den beiden folgenden Sprüchen zum Ausdruck kommt: „En blinne Heen findt ok mol en Koorn" (Ein blindes Huhn findet auch mal ein Korn). Und wenn sogar die Hühner anfangen zu lachen (gackern) „Dor lacht jo de Höhner" (Da lachen ja die Hühner), muss schon etwas Unsinniges oder Lächerliches (Hühnerkram) geschehen sein. Ein besonders treffendes Beispiel für die Metaphorik in der plattdeutschen Sprache findet sich in dieser Redewendung, wenn jemand betrübt oder traurig ist: „Se maakt en Lipp so breed, dor kann en Kluckheen mit söben Küken op sitten" (Sie macht ihre Lippen so breit, dass da eine Glucke/Bruthenne mit sieben Küken drauf sitzen kann).

„Bi em dörft ok keen Heen wegleggen" (Bei ihm darf keine Henne „weglegen"), sagte man im Kreis Schleswig-Flensburg von einem Landwirt, der sich in einer finanziell angespannten Situation befand. Früher – gelegentlich auch heute noch – legten die freilaufenden Hühner auf den Höfen ihre Eier häufig nicht in die vorgesehenen Legekästen, sondern versteckt in Knicks und Scheunen. Als wichtige Einnahmequelle gingen dem Bauern diese Eier dann verloren.

Heider Marktfrieden
Mittelalter auf dem größten Marktplatz Deutschlands

Die Dithmarscher sind für ihren unbeugsamen Freiheitswillen bekannt. Seine Wurzeln entstanden in den Jahren 1227 bis 1559. In dieser Zeit konnte sich die Region zwischen Elbe und Eider als Freie Bauernrepublik behaupten, ihre Unabhängigkeit gegen Fürsten und Könige verteidigen. Alle zwei Jahre – in den Jahren mit gerader Jahreszahl – erinnert das Stadtfest „Heider Marktfrieden" an diese Zeit. Am zweiten Juli-Wochenende taucht dann die Dithmarscher Kreisstadt ins Mittelalter ein, lodern auf dem Heider Marktplatz, dem größten in Deutschland, die Lagerfeuer. Zum „Heider Marktfrieden" zählen ein buntes Markttreiben wie im 16. Jahrhundert und eine echte Bauernhochzeit. Im Mittelpunkt des historischen Festes steht ein Freilichtspiel, das den Kampf um die Freie Bauernrepublik auf die Bühne bringt. *www.heide.de*

Helling Hellingen, auch Helligen, nennt man in der Seemannssprache die schiefen, zum Wasser geneigten Ebenen beim Stapellauf eines Schiffes („Dat Schipp liggt op de Helling"). Helling heißt aber auch die Eihaut des ungeborenen Kalbes und dann auch die Nachgeburt. Die sprachliche Nähe zu „Helm" ist gegeben mit dem schützenden, zugleich verbergenden Charakter eines Helmes.

Hemd In Ostenfeld, Kreis Nordfriesland, kennt man diesen schönen Satz: „Vör Klock acht

passt mi keen Hemd" (Vor acht Uhr passt mir kein Hemd – dann habe ich noch keine Lust zu arbeiten).

hesbesen, häsbäsen Von Menschen, die unruhig hin- und herlaufen und sich unnötig abhetzen, sagt man, vor allem in Nordfriesland: „Wat hesbest (häsbäst) de wedder so rüm. Mutt jümmers allens op'n letzten Drücker erledigen." Aus dem Jahre 1725 ist dieser Spruch von einer jungen Frau vermeldet: „Bi Jungmanns mutt se erbar wesen un mit de Oolen hesbesen" (Bei jungen Männern muss sie ehrbar sein, und mit den Alten kann sie rumpoussieren). Die Nähe zum Verb „birsen", das vor allem in Dithmarschen geläufig ist, ist offenkundig. Es wird vor allem im Zusammenhang mit den Rindern, die auf der Weide wild umherlaufen, gebraucht. „Wat sünd de Köh an't Birsen!", heißt es dann bei den Bauern.

Hicksen, Hickop Hat jemand im Kreis Schleswig-Flensburg einen Zwerchfellkrampf, sagt man: „De hett avers en orrig Hicksen" (Der hat aber einen ordentlichen Schluckauf). Im nahe gelegenen Dänemark heißt es „hikke". Bei Hicksen, auch „Hickop", soll die Einnahme von einem Zuckerwürfel eine probate Hilfe sein, diesen lästigen, unangenehmen Zustand zu beenden.

hingst, en witjen Auch die Friesen bedienen sich gern anschaulicher Sprachbilder, vor allem auf der Insel Föhr, wenn sie Anerkennendes oder Kritisches zum Ausdruck bringen wollen. In der Redewendung: „En witjen hingst brukt föl

steiling" (Ein weißes Pferd braucht viel Stroh)
ist wohl beides enthalten, denn gemeint ist,
dass eine Frau, die großen Wert auf ihr Äußeres legt, teuer sei.

Hohenwestedt: Mittelalterliches Spectaculum
Edle Ritter und wilde Horden

Wenn Ritter und Minnesänger, Handwerker
und Gaukler durch den Park Wilhelmshöhe in
Hohenwestedt flanieren, dann ist das „Mittel-
alterlich Phantasie Spectaculum" zu Gast. Jedes Jahr zu Pfingsten bauen mehr als einhun-
dert Handwerker und Händler für drei Tage
ihre Stände auf. Fasziniert sind die Besucher
immer wieder vom Ritterturnier. Es kann aber
auch mit wilden Horden gerechnet werden;
ein Heerlager wird ebenfalls aufgeschlagen.
Neben atemberaubenden Shows vom Seiltän-
zer bis zum Feuerschlucker gehören Konzerte
mit mittelalterlicher Musik – viele Künstler-

gruppen spielen noch auf alten Instrumen-
ten – zum Angebot. Und ein Höhepunkt ist jedes Mal wieder das grandiose Feuerspektakel
am Abend, eine große Feuershow mit faszinie-
renden Feuerkunststücken und flammenden
Bildern, die die gesamte Bühne scheinbar in
Flammen stehen lässt.
www.spectaculum.de

Hund Ein in allen Landesteilen viel verwendeter
Spruch lautet: „Kummst du övern Hund,
kummst du ok övern Steert" (Kommst du über
den Hund, kommst du auch über den
Schwanz). Damit will man ausdrücken, dass
der schwierigste Teil eines Vorhabens geschafft und der Rest nur noch ein Klacks, eine
Kleinigkeit, sei.

„Hunde, die bellen, beißen nicht", müssen
sich Menschen, die großspurig auftreten, aber
in ihrem Handeln harmlos sind, sagen lassen
(„Hunnen, de blafft, biet nich"). Und beim
Kartenspiel heißt es von schlechten Karten:
„Ut jedet Dörp en Hund, un ut Büdelsdörp
en Köter" (von jeder Farbe etwas). „Geht jemand vor die Hunde", verkommt und ver-
kümmert er.

Hünk, auch Hönk Damit war früher der Hahn am
Fass, besonders am Bierfass, gemeint. Es ist
eine verkürzte Form aus der Verkleinerung
„Höhnken". Heute bezeichnet man vor allem
in Nordfriesland jeden Wasserhahn so, wie
uns ein Bewohner aus Schwabstedt mitteilte.
Ihm war die Wasserleitung in der Garage ein-
gefroren. Nach einiger Zeit konnte er seiner

Frau strahlend berichten: „Kiek mol, de Hünk löppt wedder" (Guck mal, der Hahn läuft wieder).

Hüp op Bei der Erfindung neuer Begriffe sind die Plattdeutschen außerordentlich kreativ. Sie verwenden gerne Schlagsahne (Schlaggemaschü) für Torten und Kuchen aller Art, aber auch als Krönung auf dem „Pharisäer". Dann kann es schon mal heißen: „Lang man noch'n beten Schlaggemaschü röver. Ik mag den Pharisäer geern mit'n Hüp op (Sahnehaube)." In dem Ausdruck „Hüp op" steckt das Verb „hüpen", auch „hüpeln", das „häufen, anhäufen" bedeutet.

Husum: Krabbenfest
Picknick im Hafen

Die Krabbe ist sozusagen das Wappentier von Husum. Und so wird dem Schalentier jedes Jahr im Herbst ein eigenes Wochenende in der nordfriesischen Stadt gewidmet. Ein buntes Showprogramm mit Promi-Kochen, Krabben-Quiz, viel Musik und ein verkaufsoffener Sonntag dienen der Unterhaltung, aber das Fest hat noch einen anderen Zweck – nämlich Nachwuchs für gastronomische Berufe zu gewinnen. Neben dem Bühnenprogramm wartet eine bunte Meile auf die Gäste, die Fischer verkaufen ihren Fang direkt von Bord der Kutter, und auf dem Marktplatz zeigen Kunsthandwerker ihr Können. Natürlich gibt es jedes Mal Krabbengerichte in allen Variationen, die zum Teil von Auszubildenden aus Betrieben in der

Region zubereitet werden: vom größten Krab-
benbrötchen der Welt über Krabben-Pfannku-
chen bis hin zu ganz neu kreierten Spezialitä-
ten, auf die man im Zusammenhang mit dem
„kleinen Hummer aus dem Wattenmeer" gar
nicht gekommen wäre. Beim Rezeptwettbe-
werb für Hobbyköche kochen die Finalisten
live vor dem Publikum den Sieger aus. Kein
Wunder, dass sich die Krabbentage inzwischen
zum zweitgrößten Fest in Husum nach den
Hafentagen entwickelt haben – ihre lukullische Ausrichtung ist einzigartig.
www.husum-tourismus.de

Husum: Krokusblüte
Schlosspark in Lila

Wenn vier Millionen Blüten des „Crocus nea-
politanus" den Schlosspark mit einem lilafarbenen Teppich bedecken, feiert Husum ein
Wochenende lang diesen weltweit einzigartigen Zauber mit dem Krokusblütenfest. Das
der Legende nach von Mönchen aus Südeu-
ropa eingeführte „Wunder des Nordens" lockt
in jedem Frühjahr Tausende Touristen an. Ein
Blumen- und Pflanzenmarkt rund um den
Tine-Brunnen im Zentrum der Geburtsstadt
des Schriftstellers Theodor Storm („Der
Schimmelreiter"), der traditionelle Kunsthandwerkermarkt im Schlosshof und ein verkaufsoffener Sonntag bilden in jedem März das
passende Umfeld. Kulinarische Genüsse aus
vielen Ländern sorgen für das leibliche Wohl
von Gästen und Einheimischen. Neben den

Pflanzen dreht sich alles um eine Person: die
jeweils zu Beginn des Festes neu gekrönte
Krokusblütenkönigin, die Husum ein Jahr
lang repräsentiert. Gewählt von den Lesern
des Schleswig-Holsteinischen Zeitungsverlages, schneidet sie die Krokusblütentorte an,
führt Besucher durch Stadt und Schlosspark
und ist in ihrer lilafarbenen Robe ein gern ge-
sehenes Fotoobjekt. *www.husum-tourismus.de*

Husumer Hafenfest
„Mok fast" in der Storm-Stadt

Es ist das größte Volksfest an der Westküste
und zieht jedes Jahr Anfang August rund
200 000 Besucher in die Storm-Stadt – die
Husumer Hafentage locken seit 1981 mit jeder
Menge Live-Musik und einem attraktiven
Programm Gäste aus ganz Deutschland an –
und viele „Buten-Husumer" für ein paar Tage

zurück in ihre alte Heimat. Rund um den Binnenhafen spielen auf mehreren Bühnen Live-Bands, die das Publikum auf der „Bunten Meile" bis spät in die Nacht unterhalten. Die „Miss Husum" wird gekürt, und im Hafenbecken gibt es einen Floßbauwettbewerb sowie ein Rennen gelber Plastik-Entchen für einen guten Zweck. Wer Lust hat, kann beim Kutter-Korso mit den Krabbenfischern ins Weltnaturerbe Wattenmeer mitfahren, während beim traditionellen Tauziehen über den Außenhafen starke Männer reihenweise ins Wasser fallen. Natürlich gibt es auch verschiedene Schiffe zu besichtigen, und für die Kleinsten wird ein Extra-Programm geboten. Der Hafentagelauf wiederum sorgt für sportliche Betätigung, und wer nicht läuft, guckt einfach zu. „Mok fast in Husum" ist das Motto des Festes, das den maritimen Aspekt in den Vordergrund stellt – schließlich liegt der

Hafen in Husum mitten in der Stadt.
www.husum-tourismus.de

Hut (Hoot) Mit dem Hut, niederdeutsch „Hoot", verbinden wir viele Sprachbilder (siehe auch *Mütz un Hoot*). Zieht man vor jemandem den Hut, weil man ihn und seine Leistung achtet, heißt es: „Hut ab!" (Hoot af!). Oder: „Vor dem ziehe ich meinen Hut" (treck ik den Hoot). Wer wütend ist, ruft außer sich: „Da geht einem ja der Hut hoch!" (Dor geiht en jo de Hoot hooch). Oder: „Das geht mir über die Hutschnur!" (geiht mi över de Hootsnoor). Menschen, die man lieber meidet, begegnet man mit dem Spruch: „Mit dem hab' ich nichts am Hut" (Mit den doren heff ik nix an'n Hoot). Und tritt der unfähige Bürgermeister oder Minister endlich zurück, schreibt die Presse: „Es wurde auch Zeit. Nun hat er endlich seinen Hut genommen" (hett sien Hoot nahmen).

Hutschefiedel Viele Menschen erinnern sich noch an Automarken wie den Borgward Lloyd, den Messerschmidt Kabinenroller, das Goggomobil, die BMW Isetta und später auch den Fiat 500. Das war in den 50er- und 60er-Jahren des vergangenen Jahrhunderts, als die Westdeutschen mithilfe dieser Klein- und Kleinstautos, in die kaum mehr als zwei Personen hineinpassten, ihre Sehnsucht nach der großen, weiten Welt zu befriedigen suchten. Im Volksmund wurden diese einfachen Fortbewegungsmodelle kurzerhand „Hutschefiedel" genannt. Das mag angelehnt sein an das österreichische „Hutschpferd", belegt ist diese Annahme nicht. Das sozialistische Pendant ist der etwa gleichzeitig im ostdeutschen Zwickau hergestellte „Trabant".

Huulbessen Ein Elektrogerät hat, neben vielen anderen, einen grandiosen Siegeszug in deutschen Haushalten gefeiert: der Staubsauger. Er hat den Küchenbesen weitestgehend „entmündigt", sodass man eine Wohnung heute nicht mehr „besenrein", sondern „staubsaugerrein" übergeben müsste. Die Plattdeutschen haben dieses Gerät, plietsch wie sie sind, weil es die Funktion eines Besens hat, gleichzeitig aber viel Lärm macht (heult), schlicht und einfach „Huulbessen" (Heulbesen) genannt.

Iel, ielig Ein junger Mann hat die ganze Nacht am Bett seiner grippekranken Frau gewacht. Als die Hustenanfälle kein Ende nehmen wollen, zieht er sich kurzentschlossen an und sagt zu seiner Frau: „Du gefällst mir so überhaupt nicht. Ich gehe rüber zu Dr. Martens. Bei ihm in der Praxis ist gerade Licht angegangen, der wird dir gewiss helfen können." Vor der Tür begegnet ihm sein Nachbar. Als er an ihm vorbeieilen will, ruft der ihm zu: „Fritz, wo wullt du denn so fröh op daal?" „Bün in Iel, will na'n Dokter. Mien Fru, de gefallt mi nich so recht" (Bin in Eile, will zum Doktor, meine Frau gefällt mir nicht so recht).

Der Nachbar ist verwundert: „Dien Fru, seggst du, gefallt di nich so recht, un du meenst, de Dokter kunn di hölpen?" (der Doktor könnte dir helfen). „Wat glöövst du, worüm ik to Nachtslapenstiet op'n Padd na'n Dokter bün?" (Warum sollte ich wohl schon so früh auf dem Weg zum Doktor sein?). Der Nachbar hält ihn fest, schaut ihm tief in die Augen, und dann ruft er aus: „Tööv, ik hol gau mien Maddel un kaam mit. Mien Fru, de gefallt mi al lang nich mehr" (Warte, ich hole schnell meinen Mantel und komme mit, meine Frau gefällt mir schon lange nicht mehr).

(Dem Sinne nach zitiert nach Eduard Edert, „Dat harr noch leeger warrn kunnt", siehe *leger*.)

Als ein Schüler wegen mehrerer Vergehen ein Fellvoll (siehe Jackvull) kriegen sollte, der Lehrer den Stock aber nicht finden konnte, winkte der Junge mit den Worten ab: „Herr Lehrer, de laat man blieven, wo he liggt. Dat mit dat Fell-vull, dat is noch nich so ielig" (Herr Lehrer, den lassen Sie nur dort bleiben, wo er liegt. Das mit dem Verprügeln, das ist noch nicht so eilig).

Ies Früher hatten die Menschen „Ies op'n Kopp", wenn sie nicht ganz richtig „tickten", heute haben sie „Stroh im Kopf". Hören wir von einem „Iesbreker" (Eisbrecher), denken wir sofort an die kleinen, gedrungenen Motorschiffe, die sich im Winter durch die dicken Eisschollen auf den Flüssen und Meeren hindurchfräsen müssen, damit die anderen, größeren freie, ungehinderte Fahrt haben. „Iesbreker" nennen wir aber auch scherzhaft ein heißes Getränk, das aus Wasser, Rum, Rotwein und Zucker besteht (also Grog mit einem Schuss Rotwein). Sprechen Menschen nicht mehr miteinander, „is Iestiet twüschen jem utbraken" (ist Eiszeit zwischen ihnen ausgebrochen). Aber ist der sprachlose Zustand endlich beendet, „is dat Ies braken" (ist das Eis gebrochen).

„Leggt man wat op Ies", verschiebt man eine Angelegenheit, bearbeitet sie vorläufig nicht weiter (siehe *Eis, auf*). Und gerät jemand schließlich „op Glatties", hat er sich unbeabsichtigt in eine schwierige Lage begeben.

Iesen, iesern Früher gingen die Menschen auf längere Reisen entweder mit der Kutsche oder später, ab der zweiten Hälfte des 19. Jahrhunderts, „mit de Iesenbahn (Eisenbahn)". Heute ist es der sehr viel schnellere ICE. „Peer un

Wagen" (Pferd und Wagen) wurden „mit Iesen beslaan" (mit Eisen beschlagen), wofür man den „Smitt" (Schmied) brauchte. Und jemand, „de iesern bi sien Menen blifft" (eisern bei seiner Meinung bleibt), nennt man auch heute noch einen „Iesern Hinnerk". Dieser „Nökelnaam" (Spitzname) geht unter anderem auf den holsteinischen Grafen Heinrich (Hinnerk), Sohn von Gerhard III. (1291–1340), zurück. Dieser Gerhard, holsteinischer Machtpolitiker, hatte sich besonders rücksichtslos gegenüber dem dänischen Königreich verhalten und wurde daher bei einem seiner Kriegszüge im Norden Jütlands ermordet. Sein Sohn Heinrich blieb „iesern" dabei, die brutale Politik gegenüber Dänemark nicht fortsetzen zu wollen („Iesern Hinnerk").

„Iesern Hinnerk" heißt auch das Wattgebiet vor dem Wesselburener Koog. Dort können Naturliebhaber an der „Riesenwattwanderung Iesern Hinnerk" teilnehmen. Die Dauer beträgt etwa eine Stunde und führt bis zu sechs Kilometer hinaus ins Watt, durch blühende Salzwiesen sowie Queller- und Schlickgrasfelder.

lever, ievrig Auf einem Elternabend in einer dörflichen Schulgemeinde sagte der Lehrer zu einem Vater: „Du Hannes, dien Söhn is vull Iever bi de Saak (voll Eifer bei der Sache), all wat Recht is." Der Vater war darüber hocherfreut und erwartete hoffnungsvoll das Zeugnis. Seine Miene verfinsterte sich, als er lesen musste: „Peter hat sich stets eifrig am Unterricht beteiligt, leider mit geringem Erfolg. Nicht versetzt."

Imm Immen, so nennt man im Plattdeutschen die Bienen. Das Wort ist abgeleitet vom mittelniederdeutschen „imme" und hieß ursprünglich im Althochdeutschen „imbi" (Schwarm). Da Bienen in unserer Agrar- und Kulturlandschaft immer von besonderer Bedeutung waren, haben sich um sie herum unzählige Redensarten und Metaphern gebildet, die die enge Beziehung der Menschen zu diesem „fleißigen Völkchen" unterstreichen (siehe Mensing, Bd. II). Hier nun einige wenige Beispiele: Sagt man über eine Person, sie sei „klook as en Imm" (klug wie eine Biene), kann das durchaus anerkennend, lobend gemeint sein. Aber eben auch abwertend, wie in der folgenden Redensart: „Du büst klook as en Imm, bloots Honnig schieten kannst du nicht" (Du bist klug wie eine Biene, bloß Honig sch... kannst du nicht). Gemeint ist: „Du bist ein richtiger Angeber." Über schwangere Frauen hörte man häufig: „Ehr hett en Imm steken" (Sie ist von einer Biene gestochen worden). Den Bienenzüchter nennt man Imker, auch „Immenvader". Man erkennt ihn daran, dass er sich bei seiner Arbeit durch eine mit Drahtgitter versehene Kappe schützt.

Infohrn, to'n Klagen von Landwirten über das „Schietwedder" in unserem Lande sind nicht selten, denn es beeinträchtigt die Ernteerträge, aber auch die Erntearbeit ganz erheblich. Wenn sich wieder einmal eine lange Strähne oder Strecke von Dauerregen eingestellt hat, sagt man im Kreis Schleswig-Flensburg: „Dat is keen Wedder to'n Infohrn, aver ok keen Wedder to'n Utfohrn" (Das ist kein Wetter zum Einfahren, aber auch kein Wetter zum Ausfahren).

Inöschen Als ein Leser aus Kellinghusen (Kreis Steinburg) kürzlich von einer älteren Dame gefragt wurde: „Kann ik mi bi Se inöschen?", wusste er sofort, was sie meinte, machte seinen rechten Arm frei und antwortete: „Jo, manto" (Ja, nur zu). Das plattdeutsche Verb „inöschen" bedeutet so viel wie „einhaken". Wir kennen es aus dem Wortpaar „Haken und Ösen". Das Wort „Öse" ist seit dem 15. Jahrhundert bezeugt und weist auf eine „ohrartige Öffnung" hin.

Ische Wir kennen das Wort in weiten Teilen unseres Landes, aber auch in Hamburg, zunächst als Kosenamen für „Luise" (häufig auch als „Lieschen"). Leider kommt das weibliche Geschlecht in der plattdeutschen Sprache oft mit negativen Attributen versehen vor. Das ist auch der „Ische" so ergangen. In der Redewendung „Laat mi in Roh mit de dore Ische" (Lass mich mit der „Ische" da in Ruhe) wird ein Mädchen oder eine Frau abfällig als eine liederliche Person bezeichnet.

Isegrim „Dat is mi so'n Isegrim!" (Das ist mir so ein Isegrim). Damit meint man einen alten, mürrischen Menschen, der stets schlecht gelaunt ist und grimmig dreinschaut. „Isegrim" ist auch der Name des Wolfes im „Reinke de

Vos" (Reineke Fuchs). Ursprünglich, seit dem 8. Jahrhundert, war es ein Männername (Isan-grîm – Eisenhelm). Irgendwann ist aus dem zweiten Teil des Namens (-grim) das Adjektiv „grimmig" abgeleitet geworden.

Seitdem werden im Volksmund gelegentlich alle finster und grimmig dreinblickenden Menschen als Isegrims bezeichnet.

jachtern „Ik laat opstunns dat Jachtern na de smucken Deerns na", sagte der in die Jahre gekommene Bauer, „ik kiek nu blots noch na de Beest op de Weid" (Ich höre auf der Stelle mit dem Jachtern, dem Hinterherlaufen nach den hübschen Mädchen auf, ich guck nur noch nach dem Vieh auf der Weide). „Keen Tiet, keen Tiet" (keine Zeit), ruft der Kaufmann an der Ecke, als ein Kunde ein Päckchen Zigaretten verlangt, und jachtert hinter seinem ausgerissenen Hund her. Dabei kommt er unter die Räder eines Lastwagens. „Nu hett he Tiet", sagt sein Nachbar (Nun hat er Zeit).

Zum Fastelabend (in der Zeit von Sonntag bis Dienstag vor Aschermittwoch) jachterten die Kinder, vor allem aber die jungen Männer, durch die Dorfstraßen und machten dabei Lärm. Das wird insbesondere aus den nördlichen Landesteilen bezeugt. Mit „jachtern" meint man „wild umherlaufen, ausgelassen toben und spielen". „Ik heff de Nääs vull vun de dore asige Jachterie na dat Geld", sagte ein junger Mann auf dem Heiratsmarkt in Wesselburen, „ik heirat nu bloots en Fru, de'n Barg in'e Melk to krömen hett" (Ich habe die Nase voll von dem fürchterlichen Jachtern nach Geld, ich heirate nur noch eine Frau mit Besitz).

Jackvull, Fellvull Die Bezeichnung „Jacke" für dieses allen bekannte Kleidungsstück stammt von dem französischen „jaque", wohl in mittelhochdeutscher Zeit ins Hochdeutsche entlehnt. Man meinte damit eine enge, kurze

Oberbekleidung mit Ärmeln und Panzer-
hemd. Die Nähe zum Spitznamen für den
französischen Bauern „Jacques" ist offenkundig. Natürlich ist auch das Plattdeutsche von
dem französischen Einfluss nicht unberührt
geblieben. So heißt es zum Beispiel: „He lett
sik nich an de Jack kamen" (Es darf ihm niemand zu nahe kommen). Von einem Wohlge-
nährten sagt man: „He hett en gode Jack an."
Droht man jemandem Prügel an, heißt es un-
missverständlich: „Ik hau di glieks dat Jack
vull" oder: „Du kriggst glieks en Jackvull (Fell-
vull)" (Du bekommst gleich die Jacke voll). Davon handelt auch folgende kleine Geschichte:
In einer Großfamilie an der schleswig-holsteinischen Westküste lebten einmal Vater, Mutter und dreizehn Kinder, davon neun Mädchen und vier Jungen. Sie alle ordentlich zu
erziehen, war fast so schwer „as en Sack Flöh
to höden" (einen Sack Flöhe zu hüten),
meinte der strenge Vater. Besonders die Älteste, Elli, machte den Eltern Sorgen. Sie ging
gern zum Tanzen, hielt sich aber selten an die
vorgegebenen Zeiten. Als sie an einem Sonntagmorgen zur Melkzeit und ein wenig ange-
heitert zur Tür hereinkam, wurde sie von ihrem Vater mit einer gehörigen Tracht Prügel
empfangen. Doch Elli lachte nur und rief:
„Dat du't man weetst, Vader: För en Jackvull
danz ik sogar mit den Düwel!" (Damit du's
weißt, Vater: Für eine Jackvoll tanze ich sogar
mit dem Teufel). Von nun an beließ er's bei
Ermahnungen.

Jan Die Plattdeutschen mögen es, besonders was die Sprache angeht, kurz und knapp, möglichst einsilbig (siehe *narms*). So wird aus den Ortschaften Lunden, Linden und Erfde „Lunn, Linn un Arf". Das viersilbige „Fedderingen" wird kurzerhand auf zwei Silben verkürzt (Fellern). Und der Vorname „Jehann" für „Johann" ist natürlich viel zu lang, und so ist daraus im Laufe der vergangenen Jahrhunderte „Jan" geworden. Offenbar namensbildend sind mit dem Vornamen „Jan" unzählige Ökelnamen (Spitznamen) entstanden wie „Jan Iev" (Imker), „Jan Snatt" (dem immer die Nase lief), „Jan Blick" (Altwarenhändler) und „Jan Maat" (Seemann).

janken Dieses lautmalende Verb wurde und wird auch heute noch in zweifacher Bedeutung gebraucht. Wenn geschlagene, getretene und geschundene Kreaturen, auch kranke Menschen, vor Schmerzen winseln, weinen und schreien, dann „janken" sie „vör Wehdaag" (vor Schmerzen). Aus Garding auf Eiderstedt kommt dieser Spruch, wenn sich Geschwister wieder einmal ordentlich zanken: „Passt op: Ut Tink-Tank ward gau Jink-Jank" (Passt auf: Aus Spaß wird schnell Ernst).

Man kann aber auch ein starkes, fast schmerzliches Verlangen nach Sachen und Personen verspüren, wenn zum Beispiel jemand in der Fremde, „so na Huus jankt" (Heimweh hat). Dieses „janken" ist stärker als das feinere „lengen" (sehnen). Auch diese Sprüche sind verbürgt: Nach einem morgendlichen Klönschnack ruft eine der beiden Nachbarinnen erschrocken: „Oh, ik mutt foorts na Huus un de Pann opsetten. Mien Mann jankt na Pannkoken" (Ich muss schnell nach Hause, die Pfanne aufsetzen. Mein Mann ist so versessen auf Pfannkuchen). Beim Anblick der welken Blumen im Garten ruft sie: „Mann, wat jankt de Blööm na Regen" (die Blumen müssen dringend gegossen werden).

jappen Wenn jemand müde nach Luft schnappt und dabei den Mund weit aufsperrt, sagt man im Plattdeutschen: „Mann, wat jappt de na Luft!" Im Niederländischen finden wir im Verb „gapen" (siehe auch *gaffen*) in der Bedeutung „den Mund aufsperren" eine Entsprechung. Gähnende Kinder werden mit den Worten ins Bett geschickt: „Du jappst je in en Tuur, musst woll to Bedd" (Du gähnst ja in einer Tour, du musst wohl ins Bett). Schläfrig erscheinenden Menschen begegnet man mit den Worten: „Mann, wat büst du jappsch."

jichtens, jichens „Wenn dat jichtens geiht, kaamt man to Klock acht, denn sünd de Gören al to Puuch", lautet auf dem Lande häufig die Einladung zu einer Feierlichkeit (Wenn es irgendwie geht, kommt doch um acht Uhr, dann sind die Kinder schon im Bett). „Jichtenswatt ward dat woll to eten un to drinken geven" (Irgendetwas wird es wohl zu essen und zu trinken geben). Dieses Wort geht auf das mittelniederdeutsche „ichtens" (irgendetwas) zurück. In einigen Landesteilen, so unter anderem in Dithmarschen, ist auch „jichens" gebräuchlich.

Jiddel, jiddeli „Jiddeln" nannte man in Angeln und Schwansen die Wespen, vereinzelt auch in Hohn und Treia. Das unruhige Gesurre und Hin- und Herfliegen dieser emsigen Insekten-Spezies hat das Volk zu folgenden Sprachbildern veranlasst: „De Jung hett en Jiddel ünnern Steert" (Der Junge hat eine Wespe unterm Hintern, kann nicht stillsitzen). „De Deern löpt, as wenn se en Jiddel in'n Achtersten hett. Se is en richtige Jiddelmors" (Das Mädchen läuft, als hätte sie eine Wespe in den Hintern gestochen. Sie ist ein richtiger Jiddelmors). Und schließlich ein Beispiel aus der Landwirtschaft, wenn jemand extrem unruhig ist: „He/se is jiddeli as en Kalv an't Jüller" (Er/sie ist aufgeregt, unruhig wie ein Kalb am Euter).

Jieper, jiepern Von Schwangeren hört man häufig diesen Ausspruch: „Ich hab' so'n Jieper nach etwas Saurem." Vor allem suchtgefährdete Menschen jiepern nach einer Zigarette, einem Glas Bier, einem Korn. Natürlich auch auf Plattdeutsch („Wat heff ik för'n Jieper ..."). „Jieper" und „jiepern" drücken ein gieriges Verlangen aus. Es ist stärker als „Smach/Smack hebben" (Appetit haben).

jiffeln, Jiffel, Jiffer Das andauernde Bellen und Kläffen des Pinschers in der oberen Wohnung eines Mehrfamilienhauses empfand ein Mitbewohner als so unerträglich, dass er sich beim Hausverwalter beschwerte. „De dore Jiffel vun Fru A. jankt un jault un jiffelt vun morrns bit avends, un mennigmol ok noch merrn in'e

Nacht. Dat höltst in' Kopp nich ut" (Dieser
Kläffer von Frau A. jankt und jault und jiffelt
von morgens bis abends, und manchmal auch
in der Nacht. Das hält man im Kopf nicht aus).
„Jiffel" oder „Jiffer" nennt man auch streit-
süchtige Menschen.

Jitt „Wat büst du blot för'n malle Jitt!", ermahnt
die Mutter ihr quengeliges, albernes Kind,
„wenn dat nich ophöört, kriggst du foorts wat
an'e Riestüten!" (Was bist du bloß für 'ne ver-
rückte Göre, wenn das nicht aufhört, setzt es
gleich eine Ohrfeige). Aber auch ein schüch-
ternes Kind, das ständig am Rockzipfel der
Mutter hängt, ist mit „Jitt" gemeint. Diese Bezeichnung ist vor allem an der Westküste unseres Landes gebräuchlich. Ursprünglich verstand man unter diesem Wort „Ziege", heute
vor allem im Tierreich ein junges Rind, so
auch im Kreis Steinburg. Dort wird die Ent-
wicklungsstufe eines Neugeborenen wie folgt
beschrieben: „Kalv – Jitt – Quie – Koh". Eine
„Quie" (auch „Quien" oder „Queen") ist eine
junge Kuh, die noch nicht gekalbt hat. In den
Kuhställen gab es früher eine „Kohsiet" und
eine „Jittensiet".

jo, jo, jo Häufig werden im Plattdeutschen bestimmte erwünschte Verhaltensweisen durch
die Partikel „jo" verstärkt. So gibt die Mutter
ihrem Sohn die wohlgemeinten Ratschläge
mit auf den Schulweg: „Maak jo keen Fisima-
tenten in' Ünnerricht un pass jo fein op!"
(Mach ja keinen Unsinn im Unterricht und
pass ja fein auf!). Die zumeist genervte

Antwort des Jungen kennen alle Eltern: „Jo, jo, jo, Mudder." Was nichts anderes heißen soll als: „Lass mich in Ruhe!"

John Lennon Talent Award
Hier werden die Stars von morgen geboren

Lange bevor es „Deutschland sucht den Superstar" und andere Talentshows im deutschen Fernsehen gab, wurde in Schleswig-Holstein der „John Lennon Talent Award" geboren. Yoko Ono persönlich gab „grünes Licht" für die Verwendung des Namens ihres Mannes, des 1980 ermordeten Beatles-Idols. 1991 ins Leben gerufen, richtet sich der Wettbewerb an Nachwuchsmusiker aus dem gesamten Bundesgebiet. In den vergangenen zwei Jahrzehnten wurden über 200 Bands ausgewählt und gefördert, bevor sie sich in Konzerten einem breiten Publikum vorstellen. Das Finale findet

stets in Schleswig-Holstein statt, sind hier doch die Erfinder dieses einmaligen Contests zu Hause. Die Itzehoer Versicherungen, die den alle zwei Jahre stattfindenden Wettbewerb kreierten und veranstalten, erhielten dafür den Deutschen Kulturförderpreis. Klar, dass die ganze Szene feiert, wenn die John Lennon Talent Awards in Kiel vergeben werden. Weitere Infos: *www.jlta.de*

Jolle Jolle, so nennt man ein kleines, zwischen einem Segelboot und einem Ewer stehendes Schiff (in Eckernförde und Ellerbek auch „Jüll" und „Jöll"). Es hat seinen Ursprung im mittelniederdeutschen „jolle". Im Schwedischen kennen wir „julle", im Niederländischen „jol" und im Englischen „jawl". Schnelle, schnittige Regattaboote sind vor allem die Jollenkreuzer, zumeist aus Mahagoniholz gebaut und in der Nordsee mit einem Kielschwert versehen.

jööken Das Verb „jööken" (jucken) finden wir in vielen Redewendungen. So auch in den folgenden: „Wenn di dat jöökt, musst di kratzen", ist ein nicht immer ernst gemeinter Rat. Wenn einen der Hafer sticht, „jöökt em wat" oder „em jöökt dat Fell". „Jöökt em de Maag", ist er hungrig, „jöökt em de Ohrn", ist er neugierig, und „jöökt em de Mors", ist er unruhig.

Jüch Ist ein Getränk (Kaffee, Bier oder Grog) fade und geschmacklos, entfährt einem Plattdeutschen schon mal der Satz: „Wat för'n Jüch!" (Was für eine Brühe!). Und „sitt he in'e Jüch", sitzt er in der Patsche. „Jüch" steht ursprünglich für „Jauche" und ist auf das mittelhochdeutsche „juche" zurückzuführen. Damit ist eine trübe, stinkende Flüssigkeit gemeint, eben der Stalldünger. Die Verwandtschaft zum lateinischen „ius" (Brühe, Suppe, Saft) liegt auf der Hand. Der Ausdruck „Jüch" ist auch heute noch in allen Landesteilen gebräuchlich.

juchen, juchheien „Juchen" (jauchzen) ist Ausdruck großer Lebensfreude, „juchheien" verstärkt das noch. „Wat jucht de Fruunslüüd (Frauen) dor rüm!", heißt es bei Feierlichkeiten, bei denen es laut zugeht, oder „Wat is dat för'n Juchhei!" (Gekreische). In einer der ältesten Gilden im Lande, der Borbyer Gill, gab es „Juchfruen". Diese Frauen hatten sich, als die Pest im gegenüberliegenden Eckernförde wütete, auf eine Anhöhe gestellt und mit ihrem lauten Juchen das drohende Unheil in Richtung Borby abzuwenden versucht. Die Gilde hat diese Tradition mit den „Juchfrauen" bis auf den heutigen Tag beibehalten. Das „Juchen" kündigt heute den neuen König an.

Jugendsprache Im Folgenden sehen wir, dass die Jugendsprache sehr stark vom Englischen – und hier insbesondere von der Computersprache – geprägt ist. Alle Ausdrücke und Redewendungen sind von Jugendlichen im Alter von 15 bis 19 Jahren erfragt worden.

- Alter (oder auch Aller) = ist eine Anrede oder Begrüßung, kann aber auch negativ benutzt werden (beinahe als Beleidigung)

- auschecken = angucken
- chillen (engl. to chill) = sich mit Freunden treffen, Zeit verbringen, nichts tun
- cool = gut
- Digger = Kumpel
- Digger was geht? = Was ist los?
- ey = Füllwort
- Hi, Moin, Hallo, Hey, Moinsen, Tach = Hallo
- I'schwör (Ich schwör) = Ich schwöre, wird dahingesagt und hat keine ernsthafte Bedeutung.
- Ja ne is klar = Rede mal weiter (ironisch)
- Jockel = Idiot
- KK (kay, kay engl.) = Okay
- Kollege = Freund
- like (engl.) = gefällt mir (leitet sich von Facebook ab)
- LOL – Loughing out loud (laut lachen)
- LOL, ROLF = Ausdrücke von Computerspielen oder aus sozialen Netzwerken:
- Mann = wird ähnlich wie „Alter" verwendet
- Penner, Fuck You (auch kurz Fu Yu) = Schimpfwörter, werden aber nicht nur als solche benutzt, sondern auch oft als Floskel oder Anhängsel. Ihr Gebrauch gilt als sehr vulgär.
- Power (engl.) = krass
- ROLF – Rolling on the floor laughing (vor Lachen auf dem Boden liegen, bzw. sich kugeln vor Lachen)
- Swag (engl.) = cool
- Was geht? = Wie geht es Dir? Was ist los?
- wayne (engl.) = egal
- Weißte? = Weißt du? Viele Sätze werden verkürzt und sind unkorrekt.

jüm, jim, jem – i, ji, ju Die zweite Person Plural „ihr" wird im Plattdeutschen in den einzelnen Landesteilen unterschiedlich gebraucht. Damit werden unter anderem die Mundartgrenzen in unserem Lande aufgezeigt. Auf einer Einladungskarte heißt es: „Kaamt jüm man klock acht" (Kommt ihr doch um acht). Der Kundige weiß sofort, dass diese Einladung entweder in Dithmarschen oder im südlichen Teil unseres Landes ausgesprochen worden ist. Heißt es hingegen „kaamt jem", kann der Standort des Absenders nur im nördlichen Nordfriesland liegen, bei „jim" suchen wir ihn irgendwo in der Mitte, bei „ji" und „ju" im Osten und bei „i" in Angeln und Umgebung. Sünd „jüm, jim, jem, i, ji un ju" nu klöker worrn? (Seid ihr nun klüger geworden?).

kabarietsch, kaprietsch „Mann, wat is se vundag
mol wedder kabarietsch!" Damit meint man,
vor allem im Steinburgischen und im benach-
barten Dithmarschen, dass die Betreffende,
auf die diese Bemerkung abzielt, heute mal
wieder besonders ärgerlich und wütend sei.
Das Adjektiv „kabarietsch" hat seine Wurzeln
im französischen „caprice", das einen Zustand
als launisch, eigensinnig, zänkisch, zornig
und leicht aufgebracht beschreibt (von lateinisch „capra" = Ziege). Frauen, auf die diese
Eigenschaften zutreffen, nennen wir auch
„kapriziös".

kabbeln, kabbelig Es ist unerträglich, dass sich die
Nachbarn den ganzen Tag über lauthals kabbeln (streiten) müssen. „Se kibbelt un kabbelt
den helen Dag", sagen die Bewohner des Dorfes und machen einen großen Bogen um die
Zankenden herum. Das zumeist reflexiv ge-
brauchte Verb „kabbeln" hat seine Wurzeln im
mittelniederdeutschen „kabbelen". Im übertragenen Sinne sprechen wir auch von einer kab-
beligen See bei leichtem Wellengang. Eine
Erklärung für diesen Ausdruck mag darin
begründet liegen, „dass sich die vom Wind
getriebene Woge mit der entgegenstehenden
Strömung streitet" (siehe Mensing, Bd. III).

Kamellen, alte (ole) Wer kennt sie nicht, die peinli-
che Situation, die eintritt, wenn sich in einer
angeregten Gesprächsrunde ein Teilnehmer
mit einer sattsam bekannten und wiederholt
zum Besten gegebenen Geschichte blamiert.
Dann wird oft, hörbar oder hinter vorgehalte-

ner Hand, geraunt, das seien doch alles alte Kamellen (ole, olle Kamellen). „Kamelle" ist die niederdeutsche Bezeichnung für „Kamille", die bekannte schweißtreibende Arzneipflanze. Wenn deren Blüten durch langes Lagern ihre Heilwirkung verloren haben, bezeichnet man sie als „alte Kamellen". Durch Fritz Reuters Erzählung „Olle Kamellen" ist dieser Begriff allgemein bekannt geworden.

Kantüffeln, auch Kartüffel (Kartoffel) Besonders Lehrer haben in unserem schönen Land häufig erfahren müssen, dass Ankündigungen in Form von Erlassen nur eine kurze Lebensdauer haben. In keinem anderen Bereich hat es eine solche Inflation von Verordnungen gegeben wie in dem schulischen. Da hat man die Kollegien oftmals stöhnen hören: „Dat geiht dor baben bi de Regeern to as bi de Buern: Rin in de Kantüffeln un denn wedder ruut ut de Kantüffeln" (Das geht da oben in der Regierung zu wie bei den Bauern: Rein in die Kartoffeln und dann wieder raus aus den Kartoffeln).

Die Kartoffel, ein nicht mehr wegzudenkender Bestandteil unserer Ernährung, ist in Schleswig-Holstein in der zweiten Hälfte des 18. Jahrhunderts eingeführt worden. Um sie herum ranken sich viele weitere Redewendungen so wie diese: „De dümmsten Buern hebbt de dicksten Kantüffeln" (Die dümmsten Bauern haben die dicksten Kartoffeln). Das sagt man über jemanden, der unverdient zu Wohlstand gekommen ist. Musste jemand dringend auf die Toilette, verabschiedete er sich mit dem Satz: „Ik gah mol gau Kantüffeln afgeten" (Ich gehe mal schnell die Kartoffeln abgießen). Übrigens ist „Kartoffel" aus dem italienischen „tartufolo" entlehnt.

Kappelner Heringstage
Ausnahmezustand ab Himmelfahrt

Sie sind so etwas wie Kappelns fünfte Jahreszeit: Die Heringstage sind das größte Volksfest der Schleistadt, Besucher und Einheimische feiern sie seit 1979 jährlich. Und seitdem ist aus dem beschaulichen Heimatfest ein Besuchermagnet mit Strahlkraft geworden. Vier Tage dauert der Ausnahmezustand, der zu Himmelfahrt beginnt und die Einwohnerzahl der Stadt kurzfristig vervierfacht. Im Zentrum des Spektakels steht der Heringszaun, vermutlich der letzte Europas. Im 15. Jahrhundert wurde er in der Schlei bei Kappeln errichtet, und wer zu Himmelfahrt weiß, wie viel Pfund

Hering sich in ihm verfangen haben, darf sich ein Jahr lang mit Heringskönigswürden schmücken. Die Heringstage trumpfen auf mit einer Flaniermeile am Hafen, einer „Haifisch-Bar" für das gesetztere Publikum, Jazz und Shanties unter freiem Himmel, eindrucksvollem Feuerwerk – und Hering in allen Facetten. *www.heringstage-kappeln.de*

kattolsch Wenn jemand im Ostholsteinischen mal wieder völlig durchgedreht war und man mit ihm nichts anfangen konnte, sagte man kopfschüttelnd: „Nu is he woll ganz kattolsch worrn" (Nun ist er wohl ganz katholisch geworden). Diese Redewendung geht auf eine Zeit zurück, als in unserem Lande nur Protestanten lebten.

Kavenzmann Wenn uns etwas Großes, Beeindruckendes begegnet, entfährt uns schon mal der Ausruf: „Mann, ist das aber ein Kavenzmann!" Kürzlich rief ein Junge, der mit seinen Eltern vor einer Pommesbude stand und mit ausgestrecktem Arm auf eine Riesenbratwurst zeigte: „Mann, ist das aber ein Oschi!" Beide Ausdrücke werden auch heute noch umgangssprachlich verwendet, und zwar synonym. In der Seemannssprache bedeutet ein „Kavenzmann" eine riesige Welle.

keef Menschen, denen etwas zu mühsam, zu langweilig oder zu viel ist, bekunden ihren Missmut in Nordfriesland mit folgender Redewendung: „Dor bün ik keef op." En „keefe Minsch" ist daher ein langweiliger Mensch. In friesischen Gebieten, zum Beispiel in der Wie-

dingharde (Nordfriesland), ist „kif" gebräuchlich. Sieht jemand „keef ut", sieht er kränklich
aus. Möglicherweise hat er zu viel Fisch gegessen, „denn is he reinweg keef op Fisch" (dann
ist er ganz und gar des Fisches überdrüssig).

Kehr, ut'e Zwei, die sich für Segler hielten, mit der
Navigation und Nautik aber offenbar ihre Probleme hatten, wollten bei klarer Sicht mit ihrem Zwanziger Jollenkreuzer von Helgoland
nach Büsum segeln. Als sie bei Tonne I, also
auf halbem Wege, am Horizont die Silhouette
eines Hochhauses zu erkennen glaubten,
meinten sie, das wäre wohl ein entsprechen-
des Gebäude von St. Peter-Ording – und nicht
das von Büsum. „Dat is mi to wiet ut'e Kehr"
(zu großer Umweg), sagte der Steuermann,
„laat uns man en Kurs wat südlicher nehmen,
denn so sünd wi woll richtig" (lass uns mal einen südlicheren Kurs nehmen, dann sind wir
wohl richtig). Inzwischen hatte sich leichter
Nebel über dem Wasser gebildet. Vom Büsumer Hochhaus war weit und breit nichts zu
sehen. Dafür landeten sie in der Meldorfer
Bucht – auf „Schiet" (Watt) – und mussten die
nächste Flut abwarten. Gott sei Dank „gung
dat Water nich dull to Kehr" (es war keine
hohe See), „anners harr dat bös ennen kunnt
bi so'n Aart Kehr-di-an-nix" (sonst hätte es bei
dieser Gleichgültigkeit böse enden können).

Kiek-in-de-Welt (Kieker) Als der junge Mann sich,
nur mit dem Nötigsten ausgestattet, auf den
Weg machte, die Welt zu „erobern", wurde
dies von Familie und Nachbarschaft argwöh-

nisch mit den Worten kommentiert: „Wo will
Hein-Kiek-in-de-Welt woll op dal mit nix an'e
Fööt un nix in'n Kopp. Dat hebbt wi bös op'n
Kieker" (Wo will Hein-Kiek-in-de-Welt wohl
hin mit nichts an den Füßen und nichts im
Kopf. Das werden wir scharf beobachten).
Mit „Kiek-in-de-Welt" bezeichnete man einen
jungen, unerfahrenen Menschen, mit „Kiek-
in-de-Wind" einen Luftikus und mit „Kiek-in-
de-Kann" einen Trunkenbold. Und „Kieker" ist
umgangssprachlich das Fernglas.

Kiel: THW
Rekordmeister von der Waterkant

Die Dauerkarte wird gehütet wie ein seltener
Schatz. Wer erst einmal eines der sogenannten Stammblätter (Saisonkarte mit Kaufoption
für die folgende Spielzeit) des THW Kiel stolz
sein Eigen nennt, der gibt es auch so schnell
nicht wieder her. „Die THW-Karten bleiben in
der Familie, die werden sogar vererbt", heißt
es unter denjenigen, die seit Jahren vergeblich
versuchen, Zutritt zum erlauchten Kreis der
Kieler Dauerkarteninhaber zu erlangen. Das
war auch schon so, als der Turnverein Hassee-
Winterbek noch nicht zum Besten zählte, was
der europäische Handball zu bieten hat. Schon
in den Zeiten des Mittelmaßes, als der Hand-
ball-Tempel der Landeshauptstadt noch
schlicht Ostseehalle hieß, waren die Plätze
stets ausgebucht. Hier trafen und treffen sich
seit Jahrzehnten die Kieler Freunde der Ball-
werferzunft, hier kennt man sich und genießt

gemeinsam den Sport. Dass der THW Kiel in den vergangenen Jahren dem Handball in Deutschland seinen Stempel aufgedrückt hat und mit 17 Titelgewinnen längst zum deutschen Rekordmeister aufgestiegen ist, hat die Nachfrage nach den begehrten Tickets nicht gerade geringer gemacht. Dabei geht es auf den 10 000 Plätzen in der Kieler Arena nicht nur um den Sport. Dabei sein ist alles, heißt es bei Deutschlands erfolgreichstem Handball-Club. Noch lange nach Ende eines Spiels sitzen und stehen die Fans zusammen, fachsimpeln und feiern. Zumal ihr THW meistens als Sieger vom Feld geht. *www.thw-provinzial.de*

Kieler Woche
Sport und Spaß unter vollen Segeln

Schon Kaiser Wilhelm II. besuchte 1889 die Kieler Woche, die es seit Ende des 19. Jahrhun-

derts gibt. Sieben Jahre zuvor, am 23. Juli 1882,
waren erstmals vor Düsternbrook 20 Yachten
zu einer Regatta gestartet. Aus jener Regatta
entwickelte sich das jährlich größte Seglertref-
fen der Welt. Heute eröffnen Bundespräsiden-
ten oder Regierungschefs am vorletzten Juni-
Sonnabend eines Jahres dieses einmalige mari-
time Ereignis. Während im Olympiazentrum
Schilksee die international besten Segler zu Regatten starten, beginnt in der Kieler Innenstadt
ein ausgelassenes Volksfest. Auf zahlreichen
Bühnen treten Rock- und Popstars auf, an unzähligen Ständen wird gefeiert. Die gut 5000
Segler aus rund 50 Nationen gehen leicht unter
angesichts der mehr als zwei Millionen Besucher, die vom Treiben entlang der Kieler Förde
angezogen werden. Eine Woche nach der Eröffnung findet die große Windjammer-Parade
statt, bevor das Fest am Sonntag mit einem

Feuerwerk über der Kieler Innenstadt endet.
www.kieler-woche.de

Kinder mit 'nem Willen ...

Dass Erziehung kein Kinderspiel ist, davon wissen unzählige Eltern ein Lied zu singen. Fragen Kinder Unangenehmes und ihnen dabei „Löcher in den Bauch", bekommen sie oft zu hören: „Das ist nichts für kleine Kinder." In den meisten Fällen lassen sich die „Quälgeister" davon aber nicht beeindrucken und bohren so lange nach, bis ihren Erzeugern die bekannte Drohung herausrutscht: „Kinder mit 'nem Willen, de kriegt wat op de Brillen." So hat Pädagogik jahrhundertelang funktioniert. Schlimmer geht's nimmer.

Kindjees Dieses Wort ist auch heute noch auf dem Lande gebräuchlich und eine der vielen Umformungen für „Kind Jesus". Vielfach wurde und wird damit der Weihnachtsmann (unter anderem Knecht Ruprecht) bezeichnet. „Kinken" heißt er zum Beispiel auf Pellworm und „Kenken" auf Föhr („Kenkner" nannte man die vermummten Gestalten, die am Altjahrsbeziehungsweise Silvesterabend das Christkind darstellen). Noch bis vor Kurzem wurden in Eckernförde „Kindjeespoppen" (Kind-Jesus-Puppen), ein Weihnachtsgebäck aus Wasser, Mehl und Gewürzen, das allerlei allegorische Figuren (Bock, Hahn, Hirsch und andere) zeigte, bei Veranstaltungen der „Plattdüütsch Gill" an die Besucher verteilt.

klamüsern, utklamüsern Der Lehrer gibt seiner Klasse eine, wie er glaubt, einfache Rechenaufgabe. So sollen ein Tennisschläger und ein dazugehöriger Ball zusammen 110 Euro kosten, der Schläger 100 Euro teurer sein als der Ball. Wie viel kosten Schläger und Ball einzeln? Jakob, ein gewitzter Rechner, weiß es auf Anhieb: der Schläger 100 Euro und der Ball 10 Euro. Der Lehrer schüttelt den Kopf. Danach wäre der Schläger doch nur 90 Euro teurer als der Ball. Er gibt mit dem Hinweis auf die x-y-Gleichung eine Hilfestellung. Eine hitzige Arbeitsatmosphäre setzt ein. Doch bald gibt Jakob, und mit ihm der Rest der Klasse, auf. „Dat kann ik mi nich utklamüsern, Herr Peters!", ruft er verzweifelt, „dor mutt en Haken bi ween" (Das kann ich auch durch noch so viel Nachdenken nicht herausbekommen, da muss ein Haken bei sein). Das stimmt, doch die Lösung verrate ich nicht.

klook, Klookschieter Mit „klook" (klug) gibt es eine Menge Redewendungen sowohl im Hochdeutschen als auch im Plattdeutschen, oftmals gleichlautend. Dass „klug" im Hochdeutschen umgangssprachlich in „schlau" abgedriftet ist, wird heute kaum noch wahrgenommen, wie man es zum Beispiel bei den Talk-Moderatoren häufig erleben kann. Dass der Klügere nachgibt und der kluge Mann „vorbeugt", sind Weisheiten, die uns durchs Leben begleiten. Auch diese kennen wir aus dem Plattdeutschen: „De Minsch ward jümmers to fröh oolt un to laat klook" (Der Mensch wird immer zu früh alt und zu spät klug). Eine Binsenwahrheit gibt der folgende, ironisch gemeinte

Spruch zum Besten: „Dörch Schaden ward'n klook. Avers nich riek" (Durch Schaden wird man klug, aber nicht reich). Und wer im Leben immer alles viel, viel besser weiß als der übrige Teil der Gesellschaft, ist ein „dägte Klookschieter" (großer Klugscheißer).

Klöör „Düvel ok, di is avers de Klöör ut' Gesicht schaten!" (Teufel auch, dir ist aber die Farbe aus dem Gesicht geschossen!), rief der Chef, als er seinen Angestellten bei einer Lüge ertappte. Der Mitarbeiter war erblasst. Beim Kartenspielen spielt man die Farbe („speelt de Klöör"). Und wenn die Braut beim Heiratsantrag durch ihren Bräutigam hold errötet, sagen die Plattdeutschen schlicht und einfach: „Se hett'n bannige Klöör" (Sie hat eine ziemliche Farbe). Auch an diesen Beispielen wird der Einfluss der französischen Sprache auf das Plattdeutsche sichtbar, worauf an mehreren Stellen hingewiesen worden ist. „Klöör" geht auf das französische „couleur" (Farbe) zurück.

Klötenköm Eine Leserin unserer Rubrik „So spricht Schleswig-Holstein" wundert sich darüber, dass sich bisher noch niemand getraut habe, eines der ulkigsten Wörter in Schleswig-Holstein, das sie kenne, zu benennen. Es war ihr beim Aufdrehen einer Flasche mit leckerem Inhalt, dem Eierlikör, eingefallen. „Klötenköm" für Eierlikör mag Stadtbewohnern zunächst Rätsel aufgeben, schreibt sie, aber Leute vom Lande (man denke nur an „Bullenklöten" = Hoden) lachen schon länger darüber. „Köm" ist die Bezeichnung für die Pflanze

„gemeiner Kümmel", aber auch für ein alko-
holisches Getränk gleichen Namens. Es ist ein
„Kurzer", der häufig in Verbindung mit einem
Glas Bier getrunken wird (Lütt un Lütt). Im
Volksmund heißt es auch, im Köm würden
mehr Menschen ertrinken als im Wasser.

klötern, klöterig Wenn irgendwo in Haus und Hof
etwas klirrt und klappert, etwa ein loses Wa-
genrad, wackelige Geräte, Blechbüchsen, ein
Schlüsselbund oder das Essgeschirr, „klötert
dat" bei den Plattdeutschen. Geht es in Lärm
über, „rötert un klötert dat", was sprachlich verstärkend durch das Wortpaar zum Ausdruck
kommt. Das Verb „klötern" leitet sich vom mittelniederdeutschen „kloteren" (klappern) her.
Im Niederländischen heißt es „klateren" und
im Englischen „to clatter". Ist jemand gesund-
heitlich nicht ganz auf der Höhe, geht es ihm
„klöterig", ist er klapperig, matt und schlapp.
„Klötert dat bi em in' Bregen", ist ihm (endlich) ein Licht aufgegangen (siehe *Bregen*).

Klunkerbuur „Du Klunkerbuur", sagte früher eine
Köchin, wenn jemand mit der linken Hand im
Kochtopf das Essen umrührte. Damit sollte
zum Ausdruck gebracht werden, dass dieser
Jemand sich ungeschickt, trottelig anstellte.
„Klunkerbuur" war ursprünglich ein Bauer,
der an der Mütze einen Troddel trug und damit signalisierte, dass er nach veralteter Art
und Weise wirtschaftete, also noch rückstän-
dig in seinen Arbeitsmethoden sei.

klütern „Mann, wat heff ik mi fröher blots allens
tosamenklütert", erinnert sich ein Leser aus

dem Ostholsteinischen staunend, „en Stall för de Kaninken un de Höhner, en Verslag för de Duven un Kaven för de Swien. Veel heff ik nich bruukt: Breed, Saag, Hamer un Nagels" (Mann, was habe ich mir früher bloß alles zusammengeschustert, einen Stall für die Kaninchen und Hühner, einen Verschlag für die Tauben und Koben für die Schweine. Viel habe ich nicht gebraucht: Bretter, Säge, Hammer und Nägel). Wer sich etwas zusammengeklütert hatte, tat dies behelfsmäßig, als Nichtfachmann. Manchmal wurde über ihn gelästert: „Wat prüünt un schoostert he dor wedder rüm, hett doch vun nix ok man blots en Spier Ahnung" (Was flickt und schustert er da wieder rum, hat doch von nichts auch nur eine Spur von Ahnung). Dennoch gab und gibt es hervorragende Autodidakten bei der Klüterei.

Kööksch un Katt „Kööksch un Katt, de ward jümmers satt", heißt es in vielen Landesteilen, was so viel heißt wie: Köchin und Katze werden immer satt, denn sie sitzen unmittelbar an der Quelle. In Weiterführung dieser Redewendung kennen wir den folgenden Spruch: „Knecht un Hund, de mööt töven, bit wat kummt" (Knecht und Hund müssen warten, bis was kommt).

Kraaben ap uun'e Locht Die Friesen auf der einzigen deutschen Hochseeinsel Helgoland, die Halunner, sagen gern: „He lecht Kraaben ap uun'e Locht." Das heißt wörtlich übersetzt: „Er lügt Krabben in die Luft hinauf." Im Hochdeutschen gilt die umgekehrte Richtung: „Er lügt das Blaue vom Himmel herunter." Es ist, nicht erst seit dem Kinderbuchautor James Krüss, bekannt, dass die Helgoländer alten Schlages wahre Märchenerzähler sind und es mit der Wahrheit dabei nicht immer so genau nehmen.

Krüppenbieter Im Kreis Nordfriesland kennt man diesen Ausdruck noch allerorts. Damit wird ein Pferd bezeichnet, das das vorgesetzte Futter verschmäht und stattdessen lieber auf die Holzkrippe beißt. Im übertragenen Sinne ist damit jemand gemeint, der angebotenes Essen zurückweist. Das plattdeutsche Wort „Krüpp, Krüff" bedeutet „Krippe".

Kruse Kruut, Kassbeern Mennigeen Seggwies oder Woort kummt bilüttens in'e Grabbel. Wokeen kann noch mit Kassbeern wat anfangen? Dat sünd de lütten roden, sööt-suurn Beern ut Navers Gorn. Weetst nu Bescheed? Un wat is mit den „Liekdoorn"? Wenn du meenst, de hett wat mit'n Liek (Leiche) to doon, büst du op'n Holtweg (Holzweg). Dor is dat Höhneroog mit meent. Un de „Leuwaag" is natürli keen Wagen, nee dat is en gewöhnlichen Schrubber. Nu hol di fast un segg nich, dat weer allens „Kruse Kruut", wat ik hier vertellen do. Glööv mi to, dat is Petersill, un de laat ik mi vun nüms verhageln. (Kassbeern = Kirschen, Liekdoorn = Hühnerauge, Leuwaag = Schrubber, Kruse Kruut = Petersilie)

kuschen „Kusch!" So wird der abgerichtete Jagdhund aufgefordert, sich still niederzulegen. Der Infinitiv lautet „kuschen" und wird umgangssprachlich im Sinne von „sich ducken, fügen" gebraucht. Das galt vor allem für Schulkinder in der Aufforderung „För den Schoolmeister mööt jüm kuschen" (Vor dem Lehrer müsst ihr kuschen, keine Widerrede halten). Dieses Wort ist im 17. Jahrhundert aus dem Französischen entlehnt worden („coucher" = zu Bett bringen, niederlegen). Später hat sich dazu das Verb „kuscheln" im Sinne von „sich zärtlich anschmiegen", „Wärme und Geborgenheit suchen" gebildet, was ein wenig einfühlsamer ist.

L **Laat di Tiet is ok ...** Dass die Schleswig-Holsteiner in allem, vornehmlich was Bewegung und Sprache angeht, etwas langsamer sind als ein Großteil der übrigen Deutschen, ist sicherlich nur ein Vorurteil. Dazu gehört auch, dass man zum Beispiel die Dithmarscher, ein wenig spöttisch-herablassend, gern als die „Spanier des Nordens" bezeichnet. Nein, nein, die Menschen zwischen den Meeren und hinter den Deichen sind nur etwas gründlicher im Denken und ökonomischer, sprich sparsamer in ihren Handlungsabläufen. Wer sie zu einer schnelleren Gangart, zum bayerischen „Hudeln" (nachlässig Handeln) antreiben will, bekommt dann häufig zu hören: „Laat di Tiet is ok en Walzer" (Lass dir Zeit – wie für einen Walzer, natürlich den langsamen). Schließlich „is en ole Mann keen D-Tog" (ist ein alter Mann kein D-Zug).

Laat liggen „Laat liggen, dat pedd sik al fast!" (Lass liegen, das tritt sich schon fest). Einen solchen Satz hört man häufig im Raum Schleswig. Damit wird eine Person geneckt, die soeben etwas auf den Fußboden hat fallen lassen. Eine „ordentliche" Hausfrau" wird sich darüber wohl empören und den Betreffenden auffordern, unverzüglich nach Besen und Schaufel zu greifen. Über einen unordentlichen, schmutzigen Haushalt lässt man sich schon mal mit den folgenden Worten aus: „Geiht nix över de Reinlichkeit", sä de Fru, dor nehm se den Bessen un feeg de Höhnerschiet vun Disch (Geht nichts über die Reinlichkeit, sagte die Frau, da nahm sie den Besen und fegte den Hühnerdreck vom Tisch).

labberig „Was ist das wieder für ein labberiges Essen", sagte der erzürnte Ehemann, nahm seinen Teller und schüttete den Essensrest in den Abfalleimer. „Denn kaak dien Eten doch sülvst" (Dann koch dein Essen doch selber), rief ihm die erboste Ehefrau hinterher. Das vorwiegend in Norddeutschland verwendete Adjektiv „labberig" steht für „fade, geschmack- und gehaltlos" und ist auf das niederdeutsche „labbern" zurückzuführen. Es stammt aus der Seemannssprache und wurde benutzt, wenn die Segel schlaff herunterhingen.

Labern Wenn Menschen unaufhörlich dummes Zeug schwatzen, ruft man ihnen schon mal zu: „Hör auf, lass das Labern!" Nicht ganz zu Unrecht werden die täglichen Talk-Shows auch „Laber-Shows" genannt. Das Verb „labern" gehört vermutlich mundartlich zu „Lappe" (Lippe). Wer die Lippen schneller bewegt als den Denkapparat, ist eben ein „Laberheini".

Lack Wenn „der Lack ab ist", sei die Schönheit, die Anziehungskraft dahin, meinten früher junge Frauen um die dreißig, wie es unter anderem auch der französische Autor Honoré de Balzac in seinem Roman „La femme de trente ans" (Die Frau von dreißig) beschreibt. Selbst die doppelt so alten Geschlechtsgenossinnen würden dieses Bild heute so nicht akzeptieren. Diese Metapher bezog sich auf lackierte Gegenstände, bei denen der Lack im Laufe der

Jahre abblätterte und die dann unansehnlich wurden.

Aus dem Malerhandwerk stammt dieser Spruch: „He weet (kennt) för jeeden Placken (Flecken) en Lack." Sinngemäß soll damit zum Ausdruck gebracht werden, dass jemand immer einen Ausweg findet.

Lamäng Wie war der Geburtstagsgast überrascht, als er unvorbereitet aufgefordert wurde, eine kurze Tischrede zu halten. „Das kann ich so aus der Lamäng nicht", wandte er sich an den Hausherrn, „ich brauch ein wenig Bedenkzeit." Die bekam er dann auch, und es wurde eine humorvolle, launige Rede. Aus der „Lamäng" bedeutete ursprünglich, „etwas aus der Hand, ohne Besteck, Teller oder andere Hilfsmittel zu sich zu nehmen". „Lamäng" ist die phonetische Schreibweise des (eingedeutschten) französischen Wortes „la main" (die Hand).

Lambarinen Diese Bezeichnung für Fußleisten aus Messing kennt man noch heute in und um Neumünster. Ein nach Nordfriesland „ausgewanderter" Hamburger schreibt uns dazu: „Lambarine is ok en vun de rutlopen Wöör. In Hamborg heet de Dinger noch Lamperie. Wi hefft ober Kakerlatschenliest dorto seggt" (Lambarinen ist auch eines der auslaufenden Wörter. In Hamburg heißen die Dinger Lamperie. Wir haben dazu aber Kakerlakenleisten gesagt).

Auch dieses Wort stammt aus der Franzosenzeit und hat sich volkstümlich aus „lambris"

(Täfelung, auch Scheuerleiste) zu „Lambari-nen" und „Lamperie" entwickelt.

Lauenburg: Die kleinste Fischmeile der Welt
Die Stadt lädt ein zu Elb-Hering und Lachs

Man muss keinen dicken Fisch im Netz ha-ben, um satt zu werden. Lauenburg an der Elbe lockt nicht mit Superlativen, sondern mit Bescheidenheit. In jedem Frühjahr lädt „Die kleinste Fischmeile der Welt" auf 100 Metern Länge zum Genießen ein. „Lecker, lecker He-ring aus der Elbe", preist ein Marktschreier vor dem „Alten Schifferhaus" seine Ware an. An den Ständen nebenan gibt es Scampi in Knob-lauchsoße oder ganz nach britischer Manier „Fish & Chips" in der Papiertüte. Rotbarsch im Bierteig wird angeboten oder Lachs in Pom-mery-Sauce. Wer im Land zwischen den Mee-ren derartige kulinarische Genüsse eher an der Küste von Nord- und Ostsee erwartet, der sollte nicht vergessen, dass die Elbe inzwi-

schen wieder zum fischartenreichsten Fluss Europas geworden ist. Natürlich gibt es beim Fest in der Altstadt auch die passenden Getränke zum Fisch, sodass beim Feiern in der alten Schifferstadt stets Hochbetrieb herrscht. *www.lauenburg.de*

Lauenburg: Schipperhöge
Unter Schifferbrüdern

Die südlichste Stadt Schleswig-Holsteins – Lauenburg – beginnt das neue Jahr im Januar stets zünftig und fröhlich. Grund ist der traditionelle Umzug der 1635 gegründeten Schifferbrüderschaft durch die Stadt. Die Mitglieder dieses alteingesessenen Vereins vermitteln zwar in ihren schwarzen Mänteln und mit dem Zylinder auf dem Kopf einen ernsten Eindruck. Doch zur „Schipperhöge" gehört auch

die „Lustige Person", die schon mal Süßigkeiten an die Kinderschar verteilt, die den Umzug begleitet. Auf dem Weg zum Schloss und durch die Altstadt sind historische Schiffsmodelle zu bestaunen, und es werden Tänze aufgeführt – Einstimmung auf den Kindertanz am Nachmittag und den Festball am Abend. *www.lauenburg.de*

Leck: Bürgerfest
Danz op de Straat

Ausnahmezustand in der nordfriesischen Stadt Leck: Einmal im Jahr, immer am ersten September-Wochenende, lädt der Bürgerfestverein zum großen Bürgerfest ein. Die Hauptstraße wird abgesperrt, Zelte, Stände und Bühnen werden aufgebaut. Unter dem Titel „Tummel & Bummel" zieht es Menschen aus der gesamten Region in den Ort. Auf dem Programm steht unter anderem ein großer Flohmarkt: Über 180 Beschicker bieten ihre Waren dort an, wo sonst Lastwagen und Urlauber in Richtung Inseln rauschen. Zudem präsentieren sich zahlreiche Vereine aus der Gemeinde, bieten Spiele, Aktionen und Verlosungen an. Zum Rahmenprogramm zählen Theateraufführungen, Tanzeinlagen, Ausstellungen und natürlich Musik. Am späten Sonnabend steigt die Party direkt auf der Straße. Beim „Danz op de Straat" gibt es Live-Musik auf zwei Bühnen. Höhepunkt am Sonntag ist neben dem Freilichtgottesdienst das Entenrennen. Rund 1400 quietschgelbe

Gummienten säumen dann die Lecker Au.
Auch ein Rennen speziell für „getunte" Enten
wird geboten – hier sind die Bastler gefragt.
www.buergerfestverein.de

lecker, Leckertähn Alles, was lecker ist, ist wohl-
und feinschmeckend. Bestimmte Speisen werden als „Leckerbissen" verkauft, vor allem in
der Werbung, die sich ganz speziell an sogenannte „Leckermäuler" wendet. Diese beiden
Begriffe stammen jeweils aus dem 16. und
17. Jahrhundert. Aber auch auf Menschen be-
zogen kennen wir dieses Attribut. So ist eine
„leckere Deern" ein Mädchen zum Anbeißen,
es hat ein angenehmes Äußeres. Weitere plattdeutsche Redewendungen sollen kurz genannt
werden: „Wi sünd twors nich lecker, aver wi
weet, wat goot smeckt" (Wir sind zwar nicht

lecker, aber wir wissen, was gut schmeckt). Über einen naschhaften Jungen heißt es: „Wat is he leckerfritzig!" Und einem Mädchen, das sein Taschengeld gern „verleckert", ruft man scherzhaft zu: „Leckertähn, Leckertähn, magst ok gröne Seep?" (Leckerzahn, magst du auch grüne Seife?).

Leev (Liebe) In dem Buch „So spricht Schleswig-Holstein" sind schon einige plattdeutsche Redensarten über die Liebe, die „Himmelsmacht", zum Besten gegeben worden. An dieser Stelle folgen weitere. Dass sie, die Liebe, keinen Unterschied zwischen armen und reichen Menschen machen sollte, hoffen alle, wenn es heißt: „Se fallt evensogoot op en Rosenblatt as op en Kohlblatt" (Sie fällt ebensogut auf ein Rosenblatt wie auf ein Kohlblatt). Natürlich wandelt sie sich auch im Laufe der Ehe, dann heißt es: „As ik mien Fru kreeg, dor kunn ik ehr vör Leev opfreten, un nu deit mi dat leed, dat ik dat nich daan heff" (Als ich meine Frau kriegte, hätte ich sie vor Liebe auffressen können, und nun tut's mir leid, dass ich das nicht getan habe). Ist die Ehe inzwischen ganz zerrüttet, „leevt se tohoop as Katt un Hund" (leben sie zusammen wie Katze und Hund). Selbst im Alter „mag he noch mol övern Tuun hüppen" (übern Zaun hüpfen, klettern), denn „ole Katers möögt ok noch söte Melk" (alte Kater mögen auch noch süße Milch). Dass hier vom Seitensprung im Alter die Rede ist, erschließt sich auf den ersten Blick.

leger, leeger „Mann, dat harr noch leger warrn kunnt!", reep de Kööksch, as ehr de Knecht en Söten opdrück (Das hätte noch schlimmer werden können, rief die Köchin, als ihr der Knecht einen „Süßen" aufdrückte). Ein plattdeutscher Bestseller von Eduard Edert heißt „Dat harr noch leeger warrn kunnt".

Das Adjektiv „leeg" (niedrig, schlecht) geht auf das mittelniederdeutsche „lege" zurück. Im Niederländischen kennen wir „laag", im Friesischen (Sylt) „liig", im Englischen „low" und im Dänischen „lav".

Leit Im Folgenden soll die metaphorische Bedeutung von „Leit" (Zügel, Leine) für das alltägliche Zusammenleben der Menschen, insbesondere von Mann und Frau, hervorgehoben werden. So hatte die Mutter ihrer Tochter bei der Eheschließung unter anderem diesen Rat gegeben: „Mien Deern, jümmers to rechte Tiet in't Leit griepen un ok mol de Pietsch bruken, wenn't nödig is" (Meine Tochter, immer rechtzeitig die Zügel in die Hand nehmen und auch mal die Peitsche benutzen, wenn es denn nötig ist). Damit sollte sie sich wohl gegenüber ihrem Ehemann behaupten können.

Wer im Betrieb seinen Aufgaben, aus welchen Gründen auch immer, nicht mehr gewachsen ist, „mutt dat Leit ut'e Hand geven" (muss die Zügel aus der Hand geben). Im Haus, „dor blifft dat bi, hett jümmers noch de Fru dat Leit" (hat immer noch die Frau das Sagen, die Hosen an).

Lepel (Löffel) Der Löffel als täglicher Gebrauchsge-
genstand hatte in der Vergangenheit eine besondere Bedeutung. Um ihn herum ranken
sich viele Geschichten, Redensarten und
Sprachbilder. Hatte jemand seinen „Löffel ab-
gegeben" (Lepel afgeven), hatte er das Zeitli-
che gesegnet. Hatte er aber Glück im Unglück
und ihm wäre nur beinahe etwas Schlimmes
zugestoßen, hieß es: „Dat weer aber neeg bi'n
sülvern Lepel" (Das war aber dicht beim silbernen Löffel). Die Entstehungsgeschichte dieser
Redewendung ist darauf zurückzuführen, dass
früher bei Schützenfesten der Hauptgewinn
ein silberner Löffel und der Gewinn desselben
nicht unbedingt erstrebenswert war. „Ik heff
doch keen sülvern Lepels klaut", rief der Ange-
klagte, als ihn der Richter wegen eines leich-
ten Vergehens ins Gefängnis stecken lassen
wollte (Ich habe doch keine silbernen Löffel
geklaut).

Lukenkieker So wurde vor Jahren in Neumünster
ein Mitarbeiter der Landwirtschaftlichen Be-
rufsgenossenschaft genannt, der über die Ein-
haltung der Unfallverhütungsvorschriften in
landwirtschaftlichen Betrieben wachte. Mit der
„Luke" war das Dachfenster gemeint, aus dem
heraus der gewissenhafte Angestellte einen
pflichtgemäßen Blick werfen musste.

Luren Im Kreis Steinburg, sicherlich auch in anderen Landesteilen, wickelte man früher Babys
in Moltontücher. Das nannte man dann „in de
Luren wickeln". Hier könnte man einen Zusammenhang mit der Redewendung „Dat is

lurige Luft" sehen. Mit „lurig" ist die weiche,
warme, auch schwüle Luft vor einem Sommer-
regen oder einem Gewitter gemeint.

luschig, Lusche Wenn von jemandem gesagt wird,
er habe seine Arbeit „luschig" verrichtet,
meint man damit, er habe sie nachlässig, unsauber ausgeführt und müsse sich erneut ans
Werk machen. Etwas abgeschwächter könnte
an dieser Stelle auch „flusig" (oberflächlich,
unordentlich) stehen. Schlimm wird es allerdings, wenn ein so gemaßregelter Mensch als
eine „Lusche" bezeichnet wird. Dann ist ihm
der Stempel eines Versagers aufgedrückt worden. Beim Kartenspiel gibt es auch „Luschen".
Das sind solche Karten, mit denen ein Spieler
nichts anfangen kann.

Malente: Blumenkorso
Mit der Krone voran

Es war ein Glasermeister, dessen Idee von nachhaltiger Wirkung sein sollte: Heinrich Pohlmann hatte 1969 den Einfall, in Verbindung mit dem Schützenfest des Schützenvereins Malente von 1925 einen Blumenkorso zu organisieren. Seither schlängelt sich an jedem Sonnabend des Schützenfestes, das stets am ersten Augustwochenende stattfindet, ein langer Zug von etwa 40 bunt geschmückten Wagen und Gruppen durch das Kneippheilbad. Tausende von Zuschauern säumen die Straßen. Ungebrochen ist seit über 40 Jahren die Tradition, dass der von diversen Musikgruppen begleitete Zug von einem Wagen angeführt wird, der eine überdimensionale, aus Blumen gebundene Krone trägt. Eine jährlich wechselnde Jury entscheidet außerdem über

die originellsten Wagen und Gruppen.
www.schuetzenverein-malente.de

Malöör Der Nachbar hatte einen schweren Verkehrsunfall. „He is bös to Malöör kamen, de arme Stackel", hieß es alsbald im ganzen Dorf (Er hatte einen bösen Unfall, der Arme). Redensarten wie die folgenden sind auch heute noch im Umlauf: „Wenn't Malöör ween schall, fallst op'n Rüch un brickst di de Nees" (Wenn das Unglück es will, fällst du auf den Rücken und brichst dir die Nase). Befürchtet man, dass etwas schiefgehen könne, sagt man: „Dat kunn malören."

„Malöör" ist auch ein Überbleibsel aus der Franzosenzeit und geht auf „malheur" (Unglück) zurück.

Markst Müüs? Die Mutter wundert sich, dass ihr Peter gegen seine sonstige Gewohnheit von einem Tag auf den anderen plötzlich aus dem Nichts um den mittäglichen Abwasch bemüht ist und ihr auch sonst mit einer erstaunlichen Bravheit zur Hand geht. „Wat is bloots mit den Jung los?", fragt sie ihren Mann. „Markst Müüs, Leni?", sagt der lächelnd. „Ik? Wat schall ik woll marken?", antwortet sie fragend. „Na, ik glööv, he spoort op en niet Fohrrad. Dat ole is twei, toschannen fohrt" (Ich glaube, er spart auf ein neues Fahrrad, das alte ist kaputtgefahren). „Denn mutt he avers noch lang afwaschen", lacht seine Frau.

„Markst Müüs?" (Merkst, bemerkst du Mäuse?) steht für „Hast du's endlich begriffen? Kommst du dahinter? Geht dir ein Licht auf?".

Marne: Karneval
Hochburg der Jecken

„Marn' hol fast!" – wenn dieser Ruf durch die Kleinstadt im Süden Dithmarschens hallt, feiern die Jecken ihre fröhliche Rosenmontagsparty. Schleswig-Holstein-weit wird der närrische Höhepunkt nur in Marne so ausgiebig begangen. Weit mehr als 10 000 Karnevalsfans säumen dann die Straßen und lassen den bunten Umzug vorbeidefilieren, bevor sie sich selbst ins Partygetümmel stürzen.

Seinen Ursprung hat der Marner Karneval in den 1960er-Jahren, als eine Schar unentwegter Bürger Prunksitzungen und Umzüge nicht mehr nur im Fernsehen erleben mochte. Längst ist daraus eine professionell organisierte Veranstaltung geworden. Die Marner Karnevalsgesellschaft MKG ist – da kennen Jecken keinen Spaß – ordentlich aufgestellt: mit Präsident, Elferrat, Tanzgarde und natürlich

einem alljährlich zum Beginn der fünften Jahreszeit am 11.11. proklamierten Prinzenpaar. Nachwuchsmangel gibt es in der schleswig-holsteinischen Karnevalshochburg übrigens nicht. Weitere Infos: *www.marnholfast.de*

Mau, mau „Ik föhl mi ganz mau", seggt de Fule un mutt sik eersmol 'n beten verpuusten („Ich fühle mich ganz schwach", sagt der Faule und muss sich erstmal ein bisschen verpusten). Bekannter als das Adjektiv ist das Nomen „Mau" (Ärmel). „Hett he wat in'e Mauen", ist er kräftig, kann aber auch noch etwas zusetzen. Und wenn einer eine Rede oder Predigt „aus dem Ärmel schüttelt", „denn kann he dat man so ut'e Mau schüddeln" (siehe *Lamäng*). Daneben gibt es auch noch das Kartenspiel „Mau-Mau". Das Adjektiv „mau" für schwach, dürftig, flau ist seit der zweiten Hälfte des 19. Jahrhunderts bezeugt.

mellen Jemand, von dem bekannt ist, dass er sich gerne zu Angelegenheiten äußert, von denen er nichts versteht, muss sich schon mal diese spöttische Bemerkung gefallen lassen: „Du schallst di jüst mellen!" (Du musst dich gerade melden). Und da man weiß, dass er zu Hause und auf der Arbeitstelle nichts zu sagen hat, muss er sich auch noch diesen Spruch gefallen lassen: „Hier rittst dat Muul op, un tohuus hest nix to mellen" (Hier reißt du das Maul auf, und zu Hause hast du nichts zu sagen).

Mettmors, du ole ... Mit „Mett" bezeichnet man im Plattdeutschen einen Regenwurm, gleichzeitig ist es aber auch die Abkürzung für den weibli-

chen Vornamen Metta und bezeichnet außerdem schieres Schweinefleisch. Die obige Formulierung war zunächst als eine abfällige
Metapher für eine schmutzige Frau gedacht,
später dann wurde dieses Schimpfwort auf jeden unanständigen Menschen übertragen.

Mierenlämmer Diese Bezeichnung für „Ameise"
kennen wir vor allem aus dem Kreis Steinburg,
in Schenefeld, Hohenwestedt und Rendsburg.
In anderen Landesteilen heißt sie Miegrem,
Miegmier oder auch Pissmier, was aus dem
englischen „pissmire" entlehnt sein könnte.
Wahrscheinlicher, so schreibt ein aufmerksamer Leser unserer Rubrik „So spricht Schleswig-Holstein", erscheint ihm, dass es sich um
eine viel ältere plattdeutsche Bezeichnung handelt, die sprachlich in einer angelsächsisch-
skandinavischen Gemeinschaft wurzelt. „Auf
Schwedisch heißt Ameise ‚myre', und in Nord-
jütland hörte ich, wie der Besitzer einer Ferien-
wohnung von lästigen ‚myror' (sonst formica)
sprach." Auf das friesische *Antemanter* ist bereits unter „A" hingewiesen worden.

Mietmuul Ein „Mietmuul" (Großmaul) ist kein so
angenehmer Zeitgenosse. Mit dem Mundwerk
stets voran, verprellt er häufig auch noch den
letzten ihm Wohlgesonnenen. Unter „Miet"
verstehen wir im Plattdeutschen zunächst die
monatlich zu zahlende Miete. Gemeint ist
aber, im Zusammenhang mit „-muul" (-maul),
ein aufgeworfener Haufen, in dem zum Beispiel Rüben und Kartoffeln gelagert wurden
(auch heute teilweise noch).

Möllner Eulenspiegel Festspiele
Gaudi vor dem Rathaus

Alle drei Jahre verwandelt sich der historische Marktplatz in Mölln in eine Theaterbühne. Die „Eulenspiegel Festspiele" erwecken jenen Schelm zum Leben, dessen Streiche von Generation zu Generation weitererzählt werden. Till Eulenspiegel fand in der lauenburgischen Stadt seine letzte Ruhe – und er lebt hier auch wieder auf und fort. Locken doch die Festspiele Menschen von überall her an, um im Spätsommer das Spektakel mitzuerleben. In jedem Festspieljahr gibt es eine neue Inszenierung; Spaß und Vergnügen sind garantiert. Klar, dass in der Originalkulisse des Marktplatzes nicht nur den Darstellern – Profis und Amateuren – zugeschaut, sondern dort auch kräftig mit dem Schalk im Nacken gefeiert wird. 1928 fanden in der Eulenspiegel-Stadt

die ersten Festspiele statt. 1950 verkündeten die Stadtoberen gar, Mölln zum „geistig-humorigen Oberammergau" des Nordens machen zu wollen. Stattdessen wurde es lange Zeit ruhig um den Schelm. Doch seit 1997 fiebern nicht nur die Möllner regelmäßig der Gaudi vor dem Rathaus entgegen.
www.festspiele-moelln.de

Mullwarp Pünktlich zum Frühjahrsanfang sind sie zur Stelle und dann monatelang unsere täglichen Begleiter. Ein morgendlicher Blick aus dem Fenster, und wir zählen wieder einen Haufen (Hügel) mehr auf unserem so sorgsam gepflegten „englischen" Rasen. Ist mehr „Grau" oder „Schwarz" als „Grün" zu sehen, wird aus der bislang partnerschaftlich gelebten unterirdischen Nachbarschaft Schritt für Schritt eine erbitterte Feindschaft und der Ruf nach einer strategischen Bekämpfung immer lauter. Es sind die Maulwürfe, die mit ihrem Arbeitsfleiß auch für Menschen Maßstäbe setzen. Zwischen 10 und 17,5 Zentimeter lang, bauen sie ihre Tunnel eben unter der Erdoberfläche bis zu einem Meter tief. Um einen Gang mit einer Länge von sieben Metern zu bauen, brauchen sie eine Stunde. Im „Rheinischen Hausfreund" hat Johann Peter Hebel den Maulwurfsfeinden den folgenden Satz ins Stammbuch geschrieben: „Wenn ihr also den Maulwurf recht fleißig verfolgt und mit Stumpf und Stiel verfolgen wollt, so thut ihr euch selber den größten Schaden und den Engerlingen den größten Gefallen."

Muscheblix, Muschiblix „Dat is di recht so'n Muscheblix", hieß es und heißt es auch heute
noch, wenn von einem fahrigen, voreiligen
jungen Menschen die Rede ist. Häufig sind
damit auch kleine Kinder gemeint, meistens
scherzhaft. Geringschätzig bezeichnet man einen unzuverlässigen Menschen als „Musche-
klund", abgeleitet vom „Muscheclown".
„Musche" ist eine Verdeutschung des französischen „monsieur" (misjö) und bedeutet
„Herr".

Musikfeste auf dem Land
Picknick mit Konzert

Nirgends gibt es eine so fröhliche, entspannte
und familienfreundliche Konzertatmosphäre
wie bei den „Musikfesten auf dem Lande". Sie
geben dem Schleswig-Holstein Musik Festival
(SHMF) eine ganz besondere Note. Als Leo-
nard Bernstein und Justus Frantz das Festival
1986 gründeten, war klar: Nicht in großen
Konzertsälen, sondern in Herrenhäusern, in
alten Scheunen und Kirchen sollen die Weltstars der klassischen Musik auftreten. Und
weil's so schön ist, wurden die Konzerte im
Freien hinzugefügt, bei denen die Besucher
die klassische Musik mit einem ausgedehnten
Picknick verbinden können. Die Zuhörer machen es sich auf dem Rasen oder auf Bänken
vor den schönsten Gutshöfen des Landes –
zum Beispiel auf Gut Emkendorf – gemütlich,
öffnen die mitgebrachten Körbe mit Leckereien und genießen die Darbietungen der

Künstler. Das Schleswig-Holstein Musik Festival hat jedes Jahr einen Länderschwerpunkt und lockt Musikliebhaber von nah und fern in den Sommermonaten zu den originellen Konzertorten. Seit 2002 wird das Klassik-Erlebnis ergänzt durch das Jazzfestival JazzBaltica. Am neuen Spielort auf dem Gelände der Evers-Werft in Timmendorfer Strand/Niendorf wird ebenfalls nicht nur musiziert, sondern kräftig gefeiert. *www.shmf.de, www.jazzbaltica.de*

Mütz un Hoot Mützen und Hüte haben es einem Bewohner in Osterby (Kreis Rendsburg-Eckernförde) besonders angetan. Gutes Wetter nennt er „Mützenwetter", wenn ihm eine Angelegenheit als zu unbedeutend erscheint, „kann en de Mütz dorna smieten" (kann einer die Mütze danach werfen). Altbekanntes, wiederholt Vorgebrachtes nennt er schlichtweg

„einen alten Hut", und passt ihm etwas ganz
und gar nicht, „is em dat nich na de Mütz".
Vergleiche auch *Hut (Hoot)*.

muulsch „Sie doch nich so muulsch (maulsch)",
heißt es mittlerweile auch im Plattdeutschen,
wenn man beschwichtigend auf einen launi-
schen, mürrischen und bockigen Menschen
einzuwirken versucht. Das Adjektiv „muulsch"
ist abgeleitet vom Nomen „Muul" (Maul), die
derbe Bezeichnung für „Mund". Häufig wird
auch, um eine verstärkende Wirkung zu erzie-
len, das Wortpaar (Zweispänner) „luunsch un
muulsch" herangezogen. Soll etwas mal
schnell nach Augenmaß hergestellt werden,
sagt man „Dat maakt wi na Muul un Snuten"
(ebenfalls verstärkt: Nach Maul und Schnauze –
Augenmaß).

naakt, nakelt Mit der Nacktheit des Menschen befassen sich im Plattdeutschen viele Redewendungen, oft auch im übertragenen Sinne; denn das Bloß-Sein hat die Norddeutschen zu jeder Zeit stark bewegt. Spielt sich jemand zu sehr in den Vordergrund, hält man ihm vor: „Hool dien Snuut, du büst ok man nakelt to Welt kamen" (Halt deinen Mund, du bist auch nur nackt auf die Welt gekommen). Die Armut hat immer, vor allem auf dem Lande, eine große Rolle gespielt, wie es im folgenden Beispiel zum Ausdruck kommt: „Uns Huus hebbt wi betahlt mit Hungern un Naaktgahn" (Unser Haus haben wir bezahlt, indem wir an Essen und Kleidung gespart haben). Und die Sorge um das Wohlergehen des Sohnes klingt im folgenden Satz durch: „Mien Söhn schall keen nakelte Deenstdeern hebben" (Mein Sohn soll kein armes Dienstmädchen heiraten). Nackt badende Kinder wurden scherzhaft als „Nackedeier", hochdeutsch als „Nackedeis" bezeichnet.

narms „Narms" hat sich aus der mittelniederdeutschen Form „nergens" entwickelt. Aus dem Laut „e" ist ein „a" geworden, aus der Zweisilbigkeit Einsilbigkeit, wie wir es häufig im Plattdeutschen finden (siehe *Jan*).
Auch treffen wir immer wieder auf tiefsinnige Betrachtungen über das Leben im Allgemeinen und die Menschen im Besonderen. So heißt eine dieser „Wahrheiten": „Dat geiht narms duller to as in de Welt" (Nirgendwo geht es aufregender zu als in der Welt).

Gemeint ist: Mich kann nichts mehr erschüttern. In dieselbe Richtung geht der folgende Spruch: „Dor ward narms so veel lagen (gelogen) as in de Welt." Ja, wo denn sonst, möchte man hinzufügen. Das Plattdeutsche strotzt geradezu vor solchen Plattitüden.

Naverschop Nachbarschaft war zu allen Zeiten im Zusammenleben der Menschen von großer Bedeutung. Man feierte nicht nur miteinander die wichtigen Familen- und Dorffeste, sondern stand einander besonders in der Not mit Rat und Tat bei. So entstanden oft unverbrüchliche Freundschaften. Hielt sich aber mal einer für klüger und wohlhabender als der andere, konnte man im Kreis Schleswig-Flensburg diesen philosophischen Satz hören: „Wo de Dünkel opgeiht, geiht de Naverschop in'n Schosteen" (Wo der Dünkel aufgeht, geht die Nachbarschaft in den Schornstein, auch zum Schornstein hinaus).

Nees, dörch de Die Nase spielt bei den Plattdeutschen in vielen Redewendungen eine große Rolle, als Geruchsorgan, aber auch, weil sie, mitten im Gesicht, eine Richtung vorgibt. Fragt man jemanden nach dem Weg, erhält man oft zur Antwort: „Jümmers de Nees lang" (Immer der Nase lang). Rutscht er auf Glatteis aus, „fallt he op de Nees" (fällt er auf die Nase), und ist er wortkarg, einsilbig, „mutt en em allens ut'e Nees trecken" (muss man ihm alles aus der Nase ziehen). Für gute, sich anbahnende Geschäfte hat er geradezu einen „Riecher", „dor hett he en Nees för". Hat er indes nicht aufgepasst, „is em wat ut'e Nees gahn" (ist ihm was durch die Lappen gegangen). So, als er in Husum erfahren musste, dass die letzte Konzertkarte überraschend schnell vergriffen war.

nerig Menschen, deren Sparsamkeit fast schon an Geiz grenzt, bezeichnet man als „nerig". Ursprünglich meinte man damit, dass jemand auf seine Nahrung bedacht ist, was auf das mittelniederdeutsche „nerich" zurückgeht. Dieses Adjektiv sollte aber zuallererst lobend im Sinne von „sparsam und arbeitsam" verstanden werden. Der Geizcharakter überwiegt jedoch im heutigen Sprachgebrauch, so wie es im folgenden Beispiel anschaulich zum Ausdruck kommt: „De Fru is so nerig, dat se de Fleeg, de in'e Melk fullen is, eers aflickt, ehrer se ehr wegsmitt" (Die Frau ist so geizig, dass sie die Fliege, die in die Milch gefallen ist, erst ableckt, bevor sie sie wegwirft).

Neumünster: Holstenköste
Eine Stadt auf den Beinen

Die Holstenköste in Neumünster gilt als Schleswig-Holsteins zweitgrößtes Stadtfest. Immer am zweiten Wochenende im Juni wird in der ganzen Innenstadt gefeiert, getanzt, Musik gehört, gegessen und getrunken. Rund 200 000 Besucher werden jährlich gezählt. Dabei ist die Köste im Wandel: Die Stadt als Veranstalter möchte mehr Kultur und weniger Party, mehr Kinderspaß und weniger Jahrmarkt-Atmosphäre. Der Anfang wurde 2012

gemacht, als zur Eröffnung erstmals statt Frei-
bier der „Kösten-Knust" verteilt wurde, ein
herzhaftes Brot nach einer alten Rezeptur von
1929. Aus diesem Jahrzehnt stammen die Tradition und der Name, denn die damalige
„Holstenkost" war eine Fachmesse der Lebens-
mittelindustrie und der Landwirtschaft. Ab
2012 hat sich auch das Programm leicht in
Richtung Familie gedreht. Mittlerweile hat die
Holstenköste mehrere Ableger: Im Herbst gibt
es eine Weinköste, zweimal im Jahr eine Stoff-
köste (ein großer Markt für die Freunde der
Handarbeit) und als Nächstes kommt die
Naschköste. *www.holstenkoeste.de*

Neumünster: Körungen und Reitturniere
Hier feiert die Pferdewelt

Die Pferdewelt von ganz Schleswig-Holstein
und weit darüber hinaus blickt regelmäßig
nach Neumünster: Die Holstenhallen sind für
die Veranstalter von Körungen (Vorauswahl
zur Hengstleistungsprüfung), Messen und internationalen Reitturnieren einfach ideal. Die
Nähe geht sogar so weit, dass sich der Verband
der Trakehner-Pferdezucht direkt neben den
Hallen angesiedelt hat und von hier aus weltweit seine Zucht koordiniert. Im Herbst finden der Trakehner-Hengstmarkt und kurz danach die zentrale Kör-Veranstaltung des Hol-
steiner Verbands statt, auf der Pferde für die
weitere Zucht ausgewählt werden. Dann sind
viele Spitzenreiter, -trainer und alle bekannten
Züchter für drei Tage in der Stadt. Die Schles-

wig-Holsteiner laden zu vielen weiteren Veranstaltungen nach Neumünster, das Pferde-
stammbuch Schleswig-Holstein präsentiert
seine Ponys, und der Pferdesportverband bittet
alljährlich zum größten Ball Schleswig-
Holsteins, dem legendären „Ball der Pferde-
freunde". Beim Reitturnier im Februar gibt es
exzellenten Sport zu sehen, und auf den Rän-
gen und hinter den Kulissen herrscht präch-
tige Stimmung. Kein Wunder, dass Neumünster seit Jahren in Schleswig-Holstein den Titel
der „Pferdestadt" für sich in Anspruch nimmt.
www.pferdestadt.de

nödig, nödigen Als einmal ein (wohlhabender)
Bauer aufs Amt kam, um Kindergeld zu be-
antragen, schüttelte der Sachbearbeiter missbilligend den Kopf. „Du hest dat jüst nödig!
Schüllt wi Bäckerkinner nu ok noch Stuten
geven?" (Du hast es gerade nötig. Sollen wir

Bäckerkindern auch noch Stuten geben?). Ein Trunkenbold, am frühen Morgen auf seinen Alkoholkonsum angesprochen, lallte: „Ik … ik heff dat nödig, anners k … kaam ik nich övern Dag" (Ich brauche das, sonst überstehe ich den Tag nicht). Wenn jemand zu allem und nichts seinen „Senf" dazugeben muss, heißt es verächtlich: „De mutt dor sien Semp ok noch nödig to geven." „Nödigen" kennen wir aber auch im Sinne von „auffordern", wenn die Hausfrau bei der Eröffnung der Kaffeetafel ruft: „Griept to, laat sik nich eers nödigen" (Greift zu, lasst euch nicht erst nötigen). Das ließ sich ein Teilnehmer der Runde nicht zweimal sagen, stöhnte: „Wenn't Nödigen denn keen End nehmen will!", und füllte sich seinen Teller zum wiederholten Male auf.

Nücken Auch der Fuchs (Voss) muss immer wieder herhalten für schöne, anschauliche Sprachbilder so wie dieses: „De Voss verleert woll sien olen Hoor, nich aver sien olen Nücken" (Der Fuchs verliert wohl seine alten Haare, nicht aber seine alten Launen). Beim Einreiten eines Pferdes bemerkt der Reiter: „Mann, wat hett dit Perd för Nücken" (Mann, was ist dieses Pferd launisch). Auch ein junger Mann klagt: „De Deern is foorts so nücksch, wenn't nich na eern Kopp geiht" (Das Mädchen ist sofort beleidigt, wenn es nicht nach ihrem Kopf geht). Diese Launen muss er nun ertragen lernen, wenn er weiter bei ihr bleiben will.

nüms (niemand) Ein Gedicht mit der Überschrift „Nüms" von Karl-Heinz Groth beginnt jeweils in der ersten Zeile mit „wenn nüms" (wenn niemand). Hier die erste Strophe:

Wenn nüms di goden Morgen seggt,
sien Ohr an't pukern Hart di leggt,
wenn nüms mit di den Dag verdröömt,
sik wehlig an dien Bost sik löhnt ...

(Wenn niemand dir guten Morgen sagt,
sein Ohr ans klopfende Herz legt,
wenn niemand mit dir den Tag verträumt,
sich behaglich an deine Brust lehnt ...)

„Nüms" hat sich aus dem mittelniederdeutschen „nümmant" gebildet und ist auch heute noch gebräuchlich in Wendungen wie: „Dor is nüms" (ist niemand). Häufiger finden wir im täglichen plattdeutschen Sprachgebrauch dagegen Formulierungen wie: „Ik heff keeneen sehn" (keinen gesehen).

nüschen, nüschig Auf Nordstrand kennt man diese Aufforderung an jemanden, der trödelt oder sich mit Kleinigkeiten aufhält: „Nu nüsch mol af!" (Beeil dich mal!). Die ursprüngliche Bedeutung von „nüschen" ist „sich andrängen". Das hieraus gebildete Adjektiv „nüschig" beschreibt sowohl etwas leicht Schmutziges als auch einen betrunkenen Menschen: „Friech is al wedder nüschi."

nüsseln„Dor nüsselt he nu al twee Daag lang bi rum un kummt nich to Putt" (Da ist er nun schon zwei Tage lang mit beschäftigt und kommt nicht zu Potte). „Dat is di en Nüsselie, en Prüünkraam, dat schafft nix", sagt man von einer Arbeit, die einem nicht von der Hand gehen will. Ist jemand ein wenig „benüsselt" oder „nüsslig", ist er entweder taumelig oder betrunken.

Einen langsamen Menschen nennt man auch einen „Nüsseler", „Nüsselkopp", „Nüsselbüdel" und „Nüsselpeter". Das weibliche Pendant dazu ist eine „Nüsselpuus" (abfällig, da mit „Puus" das weibliche Geschlecht bezeichnet wird).

Oldenburg: Slawentage
Zeitreise zurück zu den Abodriten

Historiker wissen es seit Jahrzehnten und all-
mählich setzt sich die Erkenntnis auch in der
Öffentlichkeit durch: Was im Mittelalter die
Stadt Haithabu für die Wikinger war, das war
im Norden des heutigen Kreises Ostholstein
für die Slawen die Festung Starigard: ein be-
deutender Außenposten des slawischen Stammes der Abodriten in Wagrien, zu dem eine
mächtige Burg gehörte, die zugleich auch als
Handelsbasis diente. Die 220 Meter lange,
100 Meter breite Wallanlage liegt mitten in der
Stadt Oldenburg, in deren Name der deutsche
Begriff für das slawische „Starigard" (Alte
Burg) weiterlebt. Seit 1987 wird am Fuß des
mächtigen Walls das Oldenburger Wallmu-
seum betrieben und stetig ausgebaut. Und
ähnlich wie die Wikingertage in Schleswig gibt
es seit 2006 jeweils am dritten Juli-Wochen-

ende „Slawentage", bei denen über 300 Mittel-
alterdarsteller ein Lager mit 200 Zelten auf-
schlagen und eine Zeitreise rund 1000 Jahre
zurück ermöglichen. Es gibt viele Mitmach-
aktionen für alle Generationen und ein Schau-
programm vom Schwerterkampf bis zum Ritterturnier. *www.oldenburger-wallmuseum.de*

ole Lüüd „Ole Lüüd un lütte Kinner mööt sien,
avers ophöörn mööt se" (Alte Leute und kleine
Kinder müssen sein, aber gehorchen müssen
sie). Diese seit Jahrhunderten von Generation
zu Generation kolportierte „Wahrheit" hat vielfach zur Entmündigung von alten Menschen
und Kindern geführt. Heute wird dieser
Spruch gottlob nur noch scherzhaft gebraucht.

Öllermann Der Juni ist der Monat der Gilden in
unserem Land. Landauf, landab feiern diese
Vereinigungen als Schützengilde, Feuergilde,
Schweinegilde oder Totengilde ihr jährliches
Gildefest. Die Mitglieder präsentieren sich
dann in prächtigen Uniformen, bei lautstarker
Blasmusik und häufig nicht mehr ganz fest
auf den Beinen dem Publikum. Von vielen
Menschen werden die Gilden als ein Relikt aus
alter Zeit bezeichnet und damit als ein Aus-
laufmodell. Entstanden sind sie in einer Zeit,
als es weder Versicherungen noch eine Sozial-
gesetzgebung gab, also weit vor der Bismarck-
Ära. Die meisten Gründungen kann man bis
in das 17. Jahrhundert zurückverfolgen. Sie
waren eine Zweck- und Schutzgemeinschaft,
eine Art Vorläufer der Berufsgenossenschaf-
ten. Diese Gilden, die sich heute unter

anderem die Pflege der plattdeutschen Sprache auf ihre Fahnen geschrieben haben, sind
straff organisiert. An ihrer Spitze steht, zusammen mit einem mehrköpfigen Rat, ein
„Öllermann", der alle Sitzungen, zumeist auf
humorvolle Weise, leitet. Ansprachen werden
in der ritualisierten Form „Öllermann, Twöl-
ver (Zwölferrat) un ..." abgehalten. Die Bedeutung der Gilden für das Gemeinwesen wird
heute vornehmlich in der Bewahrung von Tradition und der Pflege von Geselligkeit gesehen. Bei einigen Gilden, so zum Beispiel bei
der Toten- oder Sterbegilde, gibt es für die
Hinterbliebenen eine bescheidene Bestat-
tungshilfe. Der „Öllermann" ist nicht, wie der
Name vermuten lassen könnte, das älteste Mit-
glied, möglicherweise aber das weiseste.

Ontjekolontje Das Mädchen hatte den ganzen Tag
über bei brütender Hitze auf dem Feld Garben
zusammengestellt. Zum Treffen mit ihrem
Liebsten kam sie verspätet. Sie hatte gerade
noch Zeit gehabt, sich Parfum unter die Ach-
seln zu sprühen. Als sie sich ein wenig näher-
kamen, sagte der junge Mann missbilligend:
„Du magst di noch so veel Ontjekolontje op de
Huut spröhn, na Sweet rüken deist du liekers"
(Du magst dich noch so sehr mit Eau de Colo-
gne einsprühen, nach Schweiß riechst du dennoch).
Sehr feinfühlig war die Bemerkung nicht. Wie
dieser Abend ausging, kann man nur erahnen.

ooltbacksch Bisweilen machen Männer despektier-
liche Äußerungen zum Aussehen von Frauen

jeglichen Alters. Eine davon aus dem Kreis Rendsburg-Eckernförde lautet: „Mann, se harr recht wat ooltbacksch Kledaasch antrocken, stunn ehr avers liekers goot" (Sie hatte recht altmodische Kleidung angezogen, es stand ihr dennoch gut). „Dat schall nu wedder nich he-ten, dat se oolt as'n Koh weer, denn de lehrnt, as'n weet, jümmers noch wat dorto" (Das soll nicht heißen, dass sie so alt wie eine Kuh war, denn die lernt bekanntlich immer noch was dazu). (Könnte beleidigend wirken.)

op, op an, op af, op un dal … De Öllern sünd dor op af, dat jemehr Gören vun Kind op an Platt-düütsch lehren schüllt. Man, na korte Tiet hebbt de dor keen Spoß mehr an un smiet de Flint in't Koorn. „Dor sünd wi nu vun af", süüfzt se, „wi hoolt nu op, dor könt jüm op af" (Die Eltern haben sich vorgenommen, dass ihre Kinder von Kindesbeinen an Plattdeutsch lernen sollen. Nach kurzer Zeit haben die kei-nen Spaß mehr daran und seufzen: „Das ha-ben wir uns abgewöhnt, wir hören nun auf. Darauf könnt ihr euch verlassen").
„Jüm sünd Papa op un dal", seggt de Mudder griensch, „de wull in'e School ok ni so recht wat lehrn" („Ganz der Vater", sagt die Mutter schelmisch, „der wollte in der Schule auch nicht so recht lernen").

opwohren Im Kreis Rendsburg-Eckernförde muss-ten früher junge Mädchen bei Geselligkeiten das Essen „opwohren", also auftragen, servie-ren. „Wohren", auch „wahren", heißt ur-sprünglich „dauern", aber auch „aufbewahren, sparen" und „sich hüten". „Wohr di vör de Mannslüüd" (hüte dich vor den Männern), gab der Vater seiner Tochter mit auf den Lebensweg, „de wüllt all bloots jümmers datsülbe" (die wollen alle bloß immer dasselbe). „Datsülbe, Vader? Wat meenst dormit?", fragte die Tochter erstaunt. „Na, wat denn woll! Natürli dien Geld. Kriggst doch en gode Utstüer" (Aussteuer). „Denn is man goot", sagte die Tochter erleichtert, „un ik heff al dacht ..." Nun, was sie gedacht haben mag, „dat wohrt wi op".

Ossenogenpann In den Landesteilen Stormarn, Lauenburg, Angeln und Dithmarschen kennt man die Begriffe „Ossenoog" und „Ossenogenpann". Mit „Ossenogen" sind die schmackhaften „Förtchen" (auch „Futjes") gemeint, die in der gusseisernen „Ossenogenpann" (Ochsenaugenpfanne) gebacken werden. Die kleinen, runden „Förtchen" sollen offenbar das Aussehen von Ochsenaugen haben. Das Fettgebäck wird in Schleswig-Holstein traditionell zur Weihnachtszeit, besonders zu Silvester, hergestellt.

Österrieker Der Begriff „Österrieker" hat nun ganz und gar nichts mit dem Aussehen unserer freundlichen Nachbarn im Süden der Republik zu tun. Er bezeichnet vielmehr ein abgemagertes Rind. Die Entstehungsgeschichte ist kurz erzählt. Im Krieg gegen Dänemark 1864 mussten die Bauern den verbündeten österreichischen Soldaten Schlachtvieh liefern. Aus Protest stellten sie abgemagerte, kranke Rinder zur Verfügung. „För de Österrieker sünd de goot noog", sagten sie und kreierten damit ein neues geflügeltes Wort.

överholen, sik Man soll es nicht für möglich halten, aber es gibt angeblich in unserem Land Menschen, die so schnell sprechen, dass sie dabei ins Stottern geraten. Dann heißt es: „He överholt sik sülvst bi't Vertellen" (Er überholt sich selbst beim Erzählen). Von Ex-Außenminister Hans-Dietrich Genscher wird kolportiert, dass er sich an manchen Tagen im Flugzeug selbst überholt habe. Damit sollte seine Geschäftigkeit unterstrichen werden.

Övermann Wenn Menschen an die Grenzen ihrer Leistungsfähigkeit stoßen, stöhnen sie schon mal: „Dat is mien Övermann" (Das wird mir zu viel, das ist zu schwierig, das schaffe ich nicht, aber auch: Der ist mir über, ist mir überlegen). Der Besuch wird mit den Worten verabschiedet: „Kumm man goot över" (Komm nur gut nach Haus). Oder: „Em is en Luus över de Lebber lopen" (Ihm ist eine Laus über die Leber gelaufen). Vor „Übermenschen" sollten wir uns hüten. Sie werden im Plattdeutschen gern als „överkroppsch" (hochmütig) bezeichnet und nach Möglichkeit gemieden.

P **pampig** „Sei nur nicht so pampig", ruft die Mutter ihrer frechen, ungezogenen Tochter zu, „sonst setzt es gleich was." Dieser Ausdruck ist umgangssprachlich erst seit gut hundert Jahren gebräuchlich. Er geht zurück auf das niederdeutsche „pampig" (breiig, klebrig, modderig). Das dazugehörige Nomen „Pampe" (Pamp) kennen wir aus den Bemerkungen wie: „Diese Pampe esse ich nicht. Gib sie doch den Schweinen" (Disse Pamp eet ik nich, geev se man de Swien).

Pann, holten „Nu bro mi avers mol ener en Storch in'e holten Pann!", heißt es vor allem in Dithmarschen, wenn jemandem eine Angelegenheit höchst merkwürdig, verwunderlich erscheint. Denn es liegt auf der Hand: Einen Storch brät man nicht, und schon gar nicht in einer hölzernen Pfanne (holten Pann). Dem Sinne nach ähnlich kennen wir diesen Spruch: „Dor ward de Hund in'e Pann verrückt" (Da wird der Hund in der Pfanne verrückt).

Pappenheimer Wer „seine Pappenheimer kennt", weiß, was er von bestimmten Menschen zu erwarten hat, kennt sowohl ihre Stärken als auch ihre Schwächen und kann sich darauf einstellen. Diese Redewendung geht auf ein Zitat aus Friedrich Schillers Drama „Wallensteins Tod" zurück, wo es heißt: „Daran erkenn ich meine Pappenheimer." Das sagt der kaiserliche Generalissimus Wallenstein zu Männern des Regiments von Gottfried Heinrich Graf zu Pappenheim, die ihre Loyalität erweisen, indem sie ihn erst nach dem Wahrheitsgehalt eines Gerüchts über ihn fragen, statt diesem einfach Glauben zu schenken. Wallenstein meint seine Bemerkung also durchaus positiv, ganz im Gegensatz zum heutigen negativen Gebrauch.

passlatant „He sä sien Fru na't Avendeten so passlatant, he wull sik noch gau Zigaretten holen. Sehn hett se em dorno nümmer wedder" (Er sagte seiner Frau nach dem Abendessen so nebenbei, er wolle sich noch schnell Zigaretten holen. Gesehen hat sie ihn danach nie wieder). Tut jemand etwas „ut Passlatant", geschieht dies zum Zeitvertreib, aus Langeweile. Auch in diesem Wort erkennen wir deutlich den französischen Ursprung. Man tat etwas „pour passer le temps" (um die Zeit zu vertreiben).

Pastüür, auch Postüür, friesisch Pastjüür „So'n ole Pastüür, wat bildt de sik bloots in. Verschuucht op't letzt ok noch de Kreihn" (Verscheucht zuletzt auch noch die Krähen). Solche und ähnliche Beschimpfungen mussten sich große, hässliche Frauen in der Vergangenheit gefallen lassen. Dabei stammt dieses Wort von dem französischen „posture" und beschreibt zunächst eine Lage, Stellung, auch Haltung, Postur. Im Friesischen kennen wir „Pastjüür", fast synonym gebraucht in der Bedeutung „Missgestalt", „wunderliche Erscheinung".

Peerd, dat best Immer wieder erstaunt die Vielfalt der Sprachbilder, über die unsere schleswigholsteinischen Landsleute noch verfügen. So ist es in vielen Landesteilen selbstverständlich, „dat man dat best Peerd ut den Stall holt, wenn man op Reisen geiht" (dass man das beste Pferd aus dem Stall holt, wenn man auf Reisen geht). Natürlich ist mit dieser Redewendung auch gemeint, dass man sich für die Reise besonders hübsch anzieht.

Piephuus Wann immer jemand meint, mit einer Sache stimme etwas nicht, sei etwas nicht in Ordnung, sagen die Menschen in Nordfriesland: „In dat dore Piephuus sitt en Wurm". Mit „Piephuus" meinen sie das Kerngehäuse von Äpfeln und Birnen. In diesem Fall ist die Frucht wurmstichig. Der Vergleich des Kerngehäuses mit dem Pfeifenkopf (Piep) liegt nahe.

piepschieterig „Piepschieterig" ist jemand, der nicht ganz „auf dem Damm" ist, kränkelt und sich nicht wohlfühlt. Für einen stets empfindlichen und zimperlichen Menschen hat man auch schon mal den Spottnamen „Piepschieter" parat.

Pietsch, slanke Die Peitsche (Pietsch) als Sinnbild von Gewalt hat ihren festen Platz in unzähligen Redewendungen gefunden. So wird im Plattdeutschen von einem eifrigen Menschen gesagt: „He arbeidt, as wenn dor achter em en mit de Pietsch steiht" (Er arbeitet, als wenn hinter ihm einer mit der Peitsche stünde). Jemandem, der mit Fahrrad, Motorrad oder Auto flott unterwegs ist, sagt man nach, „dat he en slanke Pietsch fohrt" (eine schlanke Peitsche fährt). Diesen Ausdruck kennt man vor allem in Angeln. Er geht zurück auf die Zeit der Postkutsche, als die Pferde mithilfe der Peitsche zu einer schnelleren Gangart angetrieben wurden.

Pinneberg: Sommer-Jazz
Von Blues bis Bossa Nova

Pinneberg swingt: Einmal im Jahr verwandelt sich die Kreisstadt Pinneberg in ein Jazz-Mekka. Seit 17 Jahren spielen vier Tage lang Jazzmusiker aus aller Welt auf den Open-Air-Bühnen in der Innenstadt. 30 000 Besucher sind jährlich dabei, wenn Blues, Boogie-Woogie, Rock'n'Roll, Dixieland und Bossa Nova erklingen. Das Festival setzt auf einen Mix von internationalen und nationalen Spitzengruppen sowie semiprofessionellen Musikern. Um den Nachwuchs nachhaltig zu fördern, gibt es einen Musiker-Contest. So ist das zweite Augustwochenende im Jahr zu einem Pflichttermin für Jazzfreunde geworden. Organisiert wird das Spektakel vom Pinneberger Summer-Jazz-Förderverein und dem Spiritus Rektor, Günter Kleinschmidt. Der Clou: Musikfans

müssen keinen Eintritt zahlen. Finanziert wird das Festival über den Verkauf von Merchandising-Artikeln und sogenannten SummerJazz-Pins. Die filigran gestalteten Anstecker sind als Sammlerstücke begehrt. *ww.summerjazz.de*

Pirk Ein Leser aus dem Kreis Schleswig-Flensburg berichtet, dass es in seiner Kindheit vor gut siebzig Jahren in der Hausapotheke seiner Mutter nur zwei Medikamente gab: Arnika-Tinktur und „Akunit-Tropfen". So wurden Prellungen, Verletzungen und Eiterbeulen mit Arnika-Umschlägen behandelt. Dazu kam der immer gleichlautende Spruch: „Dat heelt, köhlt un treckt de Pirk ut" (Das heilt, kühlt und zieht den Eiterherd aus der Entzündung).

Poloturniere
Mit Pferden, Hut und Schläger

Männer zu Pferd mit Sonnenbrille, Hut und langem Schläger versuchen einen Ball ins gegnerische Tor zu treiben. Das ist Polo in Kurzform. Während die Pferde in dem Mannschaftsspiel (vier Spieler pro Team) über einen begrenzten Strandabschnitt oder englischen Rasen hetzen, wird der Rand des Spielfelds für viele Besucher zur Wohlfühlzone. Denn Poloturniere sind nicht nur Sportevents, sondern auch gesellschaftliche Ereignisse, bei denen mit Champagner angestoßen wird. Der Norden bietet mehrere dieser extravaganten Turniere: So gelten Gut Aspern, als Sitz des Polo Clubs Schleswig-Holstein, oder das Gut Basthorst vor den Toren Hamburgs als feste Grö-

ßen in der Poloszene. Die Standorte für Beach Polo sind naturgemäß noch weiter im Norden gelegen: Neben dem Turnier in Timmendorfer Strand ist es vor allem der Julius Bär Beach Polo World Cup in Hörnum auf Sylt. Die Insel ist außerdem Austragungsort des renommierten „Sal. Oppenheim Gold Cup" – German Polo Masters in Keitum, dann aber wieder auf der grünen Wiese. *www.polowelt.com*

pruuschen „Wenn de Zegen pruuscht, gifft dat Regen", heißt es in vielen Teilen unseres Landes. Übersetzt: „Wenn die Ziegen niesen, gibt es Regen." Das Verb „pruuschen" bedeutet „schnauben, fauchen, in Lachen ausbrechen", aber auch „niesen". Es gibt Gegenden, da wird gutes Wetter erwartet, wenn „de Katten pruuscht" (die Katzen niesen). Es ist also nicht einerlei, wer gerade „pruuscht".

Quacksalber Nun, eine „Quacksalberin" ist Heinis Mutter gewiss nicht, wenn sie mit Hausmitteln, die seit Jahrhunderten erprobt worden sind, ihrem Sohn auf der Stelle helfen kann. Dieser verächtliche Ausdruck steht für eine Person, die stümperhaft eine ärztliche Tätigkeit ausübt. Das Wort geht zurück bis ins 16. Jahrhundert und ist niederländischen Ursprungs. Ein „kwakzalver" war zur damaligen Zeit ein „Salbenverkäufer". „Kwakken" bedeutete so viel wie „schwatzen, prahlen", und „zalve(n)" ist die Salbe.

Quaddeln „Mama, Mama", schreit Heini vom Garten her, „kiek mol, kiek mol!" Heini ist in die Brennnesseln gefallen. Arme und Beine sind übersät mit Quaddeln (Pusteln). Schnell hat die erfahrene Hausfrau die kühlende Arnika-Tinktur (siehe *Pirk*) zur Hand, und schon nach kurzer Zeit lässt der brennende Schmerz bei Heini nach. Das Wort „Quaddel" ist aus dem Niederdeutschen ins Hochdeutsche gelangt (Quaddel = Bläschen, Pustel).

Quanten Er solle seine „Käsequanten" doch mal kurz an die frische Luft stellen, sie müffelten entsetzlich, musste sich der Sohn nach einem anstrengenden Fußballtraining von seinen Eltern anhören. Eindeutig belegt ist der Ursprung dieses besonders in Dithmarschen geläufigen Wortes nicht. „Quant" geht auf das mittelniederdeutsche „quant" (Tand, sinnloses Zeug) zurück. Das kann keine Erklärung sein, denn gemeint sind die Schuhe, in manchen Redewendungen („Wat hett de för grote Quanten") auch die Füße, oftmals besonders große. Einleuchtender ist der Hinweis auf das lateinische „quantum", das Neutrum von „quantus" (wie groß, so groß).

Quark, quarken (quesen), Quarkbüdel Quark ist Weichkäse von frisch geronnener Milch, so die landläufige Erklärung. Mit diesem Wort verbinden wir viele Sprachbilder, auch lautmalende. So wird das Quaken der Frösche und das Geschrei der Enten, Krähen und Raben mit „quark, quark" wiedergegeben. Und von einem Menschen, der immerzu etwas auszusetzen hat und herumnörgelt, sagt man: „Du hest avers ok jümmers wat to quarken un to quesen" (Du hast aber auch immer was zu mäkeln). Ein solch Unzufriedener heißt in der plattdeutschen Sprache „Quark-" oder „Queesbüdel". „Quarken" und „quesen" werden hier synonym und als Wortpaar verstärkend gebraucht.

quasseln, quatschen Auch wenn die Verben „quasseln" und „quatschen" umgangssprachlich dieselbe Bedeutung wie „törichtes Zeug reden, plappern, schwatzen" erlangt haben, haben sie im Einzelnen offenbar unterschiedliche etymologische Wurzeln. So ist „quasseln" ursprünglich im 19. Jahrhundert aus dem niederdeutschen „quasen" (plappern, schwatzen) in die hochdeutsche Sprache übergegangen, während „quatschen" im Sinne von „klatschen und petzen" lautnachahmender Herkunft sein soll. „Quassel- und Quatschbüdel" können demnach nur Schwätzer und Plappermäuler

sein, die in unserem wortkargen Land aller-
höchstens eine Rarität darstellen.

Queller „Ohne Queller nix auf dem Teller" könnte
ein Westküsten-Slogan lauten, denn ohne die
intensive Landgewinnung in den vergangenen
Jahrhunderten gäbe es keine saftigen Marsch-
weiden und ohne sie wiederum keine „blühende" Vieh- und Milchwirtschaft. Der „Queller" (Salicornia herbacea) ist ein Gewächs, das
„den frischen Marschenschlick mit seinen za-
ckigen Zweigen überzieht und dadurch befes-
tigt". So steht es sinngemäß bei Mensing,
Bd. IV, S. 12. „Queller" bezeichnet aber nicht
nur die Pflanze, sondern auch das Land, auf
dem er wächst. Beispielsweise nennt man den
Kronprinzenkoog in Süderdithmarschen auch
„Max-Queller".

quengelig, quengeln Quengelige Menschen sind
unangenehme Zeitgenossen, man sollte ihnen
möglichst aus dem Wege gehen. Bei den eigenen quengeligen Kindern geht das nicht. Be-
drängen sie ihre Mutter lautstark beim Ein-
kaufen, sie hätten gern dieses oder jenes Spiel-
zeug, und lassen sich auch mit dem Hinweis
auf das schmale Portemonnaie nicht besänfti-
gen, ist eine gehörige Portion Geduld erforder-
lich. Das Wort „quengeln" geht auf das mittelniederdeutsche „dwengen" (zwingen, drücken) zurück und ist seit dem 18. Jahrhundert
umgangssprachlich bei uns bekannt.

Quickborn Bei diesem Wort fällt dem Leser sicherlich sofort die Kleinstadt gleichen Namens im
Kreis Pinneberg ein. Wer sich allerdings für

niederdeutsche Literatur interessiert, kommt an einem der bekanntesten Werke des Dichters Klaus Groth (1819–1899), nämlich dem „Quickborn", nicht vorbei. Viele Menschen meinen, dass es sich hierbei um eine der schönsten Sammlungen plattdeutscher Gedichte handele. Erinnert sei an „Matten Has", „Ol Büsen" (Büsum) und „Min Jehann". Im Titelwort steckt das Wörtchen „quick" (lebendig), und „Born" ist eine Quelle, ein Jungbrunnen. Der „Quickborn" hat so viele Auflagen erlebt wie kein anderes plattdeutsches Buch davor und danach. Er hat den Dichter Klaus Groth zu einem literarischen Denkmal gemacht. „Quickborn" nennt sich auch eine in Hamburg ansässige niederdeutsche Literaturvereinigung.

R **rammdösig** Hat jemand einen offensichtlich einfachen Sachverhalt, zum Beispiel eine Mathematikaufgabe, auch zum wiederholten Male nicht „kapiert" (lateinisch capere), hält man ihn für „rammdösig" und meint damit, er sei „vor den Kopf geschlagen", begriffsstutzig oder schlichtweg dumm. Der zweite Wortteil „dösig" bedeutet „duselig, taumelig", mit dem ersten „ramm" soll dem armen Dummerjahn die Erkenntnis mit Gewalt „eingerammt" werden, sodass ihm „duselig" wird (siehe *dösen* und *Düsel*). Geholfen hat dieses Vorgehen noch niemandem.

Rappelsnuut Alle zusammengesetzten Nomen mit „Rappel" wie Rappelsnuut, Rappelmors, Rappelmuul, Rappelputt, Rappelmütz und Rappeltasch bezeichnen ein und denselben Typus Mensch: den Schwätzer. „Rappeln" bedeutet zunächst, „die Zunge rasch bewegen", aber auch, im Sinne von „sich aufrappeln", neue Kräfte mobilisieren. „He hett sik wedder oprappelt", sagt man über den Gestrauchelten, wenn er wieder „Fuß gefasst" hat.

Rapps Mit diesem Wort könnte akustisch das gleichlautende Getreide gemeint sein. Ein Leser aus Dithmarschen erinnert sich aber, dass ihm damit von seinem Vater eine Tracht Prügel angedroht wurde, wenn er nicht „parierte". Das Wort finden wir lautmalerisch in dem Wortpaar „He kreeg Rapps un Klapps" wieder, das gern von dem niederdeutschen Dichter Klaus Groth bemüht wurde.

redig „Ik heff mi dat vundag fein redig maakt", meint eine Hausfrau aus Schleswig und will damit zum Ausdruck bringen, dass sie ihre Hausarbeit heute schnell, einfach, zeitsparend, aber auch nicht unbedingt gründlich verrichtet habe. Wir kennen in diesem Zusammenhang das englische „ready", das dänische „rede" und das mittelniederdeutsche „reide".

Reeg Ein weiteres Beispiel in der großen Palette schöner Redewendungen, die die Bildhaftigkeit der plattdeutschen Sprache unterstreichen: Als der Lehrer in früheren Zeiten die Schüler nach einem besonderen Vorfall befragte, bekam er zur Antwort: „Dat kriegt wi nich mehr op de Reeg" (Das kriegen wir nicht mehr auf die Reihe, wir können uns nicht mehr daran erinnern). „Dorophen kregen se reeglangs en Fellvull" (Daraufhin kriegen sie reihenweise Prügel; siehe *Jackvull*).

Rendsburg: Kanal Cup
Der Goldachter gibt die Schlagzahl vor

Es ist das längste und härteste Ruderrennen überhaupt. Und das auf der meistbefahrenen Wasserstraße aller Kontinente. Wenn Ende September/Anfang Oktober die besten Ruderachter aus aller Welt auf dem Nord-Ostsee-Kanal zwischen der Fähre Breiholz und der alten Rendsburger Hochbrücke um den Sieg kämpfen, dann wird die 12,7 Kilometer lange Strecke von mehr als 100 000 Zuschauern gesäumt. Im Jahr 2001 gingen die Nationalachter erstmals an den Start. Das deutsche Goldboot gewann bislang den Cup am häufigsten.

Doch alle Nationalteams – egal, ob aus den USA, aus Großbritannien, Kanada, Australien, der Schweiz oder aus den Niederlanden – werden vom Publikum gefeiert. Ein große Bühne, auf der die Siegerehrung stattfindet, und viele Stände im Rendsburger Stadthafen sorgen für die einmalige Atmosphäre. Bereits am Freitagabend geht es los, bevor jeweils am Sonntagmittag das Rennen der Rudergiganten startet. *www.eonhansecup.de*

Rendsburger Herbst
Eine ganze Stadt in Partylaune

Wenn noch Hochsommer ist, läuten die Rendsburger schon den Herbst ein. Am letzten Wochenende im August wird das gesamte Zentrum vom Obereiderhafen bis zum Stadtpark zur Partymeile: Dann treffen sich Besucher, ehemalige Rendsburger und die Bewohner zum Feiern. Von Donnerstag bis Sonntag dauert der „Rendsburger Herbst", eines der größten Stadtfeste in Schleswig-Holstein. Auf zehn Plätzen mit mindestens sechs Bühnen werden Musik und Unterhaltung geboten. Ein großes Familienprogramm gehört ebenfalls dazu. Essen und trinken lässt es sich an der Obereider und an vielen anderen Ständen in den Straßen der Innenstadt. Die verschiedensten Rendsburger Organisationen stellen sich in Aktionen und Info-Zelten vor, wie der Lions Club mit seinem großen Entenrennen (Foto). Traditionell beginnt die Veranstaltung mit dem Fassbier-Anstich auf dem Altstädter Markt. *www.rendsburger-herbst.de*

rieten In den meisten Landesteilen kennen wir den Ausruf: „Nu ward dat avers rieten!" (Nun wird es aber Zeit!). Gemeint ist eine brenzlige

Situation, die auf der Stelle beendet werden muss. Der Auslöser einer solchen Situation ist häufig ein „Rietenspliet", scherzhaft auch „Wildfang", ein wilder Junge, der sich mal wieder seine neue Hose zerrissen hat („rieten" = reißen, „splieten" = spalten, zerreißen). Hingegen sagt man über einen kraftlosen und entschlussarmen Menschen, „dat dor nich noog (genug) Riet in sitt".

Ringreiten
Wo Knappen Zielwasser brauchen

Das Ringreiten erinnert an die Ritterspiele im Mittelalter, als sich die Knappen vor dem großen Turnier ihrer Herrschaft in der Geschicklichkeit übten. Noch heute wird zwischen April und September fast überall in Schleswig-Holstein die Tradition dieses jahrhundertealten Brauchtums gepflegt. Weit über die Landesgrenzen hinaus bekannt ist der 1912 gegründete Fehmarnsche Ringreiterverein von der gleichnamigen Ostseeinsel, der schon so manchen international bekannten Reiter hervorgebracht hat. Zwar nicht in der Disziplin Ringreiten, die eher dem geselligen Miteinander dient, sondern im Springen und in der Vielseitigkeit. Andere Ringreitervereine jedoch kennen nur ein Ziel: alle Jahre wieder die „Galgen" aufzustellen, die Pferde zu satteln und mit Lanze und genügend Zielwasser genau ins Schwarze zu treffen. Dabei gibt es keine Altersbeschränkungen, nur sattelfest sollte jeder sein. Auf abgetrennten Bahnen ste-

hen hölzerne „Galgen", an deren Seilkonstruk-
tion ein Metallring mit nur wenigen Zentime-
tern Öffnung hängt. Im Galopp muss der Reiter vom Pferd aus versuchen, diesen kleinen
Ring mit einer kurzen oder – noch schwerer –
mit einer langen Lanze aufzuspießen. Fehlt es
an der Zielgenauigkeit der Reiter, hilft der
Ausschank alkoholischer Getränke. Wer in
mehreren Durchgängen die meisten Ringe
„gestochen" hat, darf sich „Ringreiterkönig"
nennen. Von manchen Landwirten an der
Westküste wird behauptet, dass sie ihr Pferd
nur einmal im Jahr satteln – nämlich zum
Ringreiten, das in vielen Ortschaften als großes Volksfest gefeiert wird.
www.reiten-auf-fehmarn.de, Terminpläne und
Informationen unter: *www.ringreiten.de*

Rötten „Tüünbüdels", die „spinnen", dummes
Zeug reden, hat es zu allen Zeiten gegeben,

auch in unserem nicht unbedingt geschwätzigen Land. Von ihnen heißt es geringschätzig, „de hebbt Rötten op den Böön" (auch Born). Übersetzt: Die haben wohl Ratten auf dem (Dach-)Boden (Die haben wohl nicht mehr alle Tassen im Schrank).

Rötten oder Rotten finden wir auch in den folgenden Redewendungen: „He is so kahl as en Rött" (kahl wie eine Ratte, arm wie eine Kirchenmaus), „En kann sik op em verlaten as op en dode Rött" (Man kann sich auf ihn verlassen wie auf eine tote Ratte, das heißt, er ist unzuverlässig) und zu guter Letzt: „Hest al mol en dode Rött um de Eck lopen sehn?"(wenn man ausdrücken will, dass etwas unmöglich ist oder erscheint).

Schäfchen ins Trockene bringen Mit dieser Redewendung wollen wir ein wenig abwertend sagen, dass sich jemand auf Kosten anderer einen Vorteil verschafft. Die Herkunft ist nicht
eindeutig belegt. Eine Erklärung lautet, dass
man Schafe früher vor der herannahenden
Flut auf höher gelegenen Weiden in Sicherheit
brachte. Eine andere aus dem Plattdeutschen
stammende Version ist diese, von einer Leserin aus Schleswig übermittelt: Ursprünglich
seien mit „Schäfchen" nicht Schafe, sondern
die kleinen Schiffe (plattdeutsch Scheep'ken)
gemeint, die an Land gezogen wurden. Damit
sollte im übertragenen Sinne zum Ausdruck
kommen, dass es jemand wirtschaftlich geschafft hat.

Schamutt Mit „Schamutt" ist viel Krimskrams gemeint. Diesen Ausdruck kennt man vor allem
im Kreis Schleswig-Flensburg in der Formulierung „all de Schamutt bi manche Lüüd", mit
der ein wenig geringschätzig auf die Unord-
nung in manchen Haushalten hingewiesen
wird. Laut Großem Duden (Fremdwörterbuch
Bd. 5, 1974) ist „Schamott" jiddisch und bedeutet „unnütze, wertlose Dinge". Als Schamott werden auch Ofensteine im Kachelofen
bezeichnet. Diese brachen oft heraus und
mussten dann als „Schmull" entsorgt werden.

Schient de Sünn „Schient de Sünn op'n nattet
Blatt, gifft dat bald wedder wat." Übersetzt
heißt das: „Scheint die Sonne auf ein nasses
Blatt, gibt es bald wieder was." Diese Wetter-
prognose weist darauf hin, dass das nasse Blatt

im Wechsel von Sonne und Regen den nächsten Schauer ankündigt.

schier Bei uns in Schleswig-Holstein muss immer alles „schier" sein, rein, hell, klar, glatt, eben und adrett. So wird zum Sonntag um das eigene Anwesen herum geharkt und gefegt, dass es eine „schiere Freude" ist. Und natürlich werden die Bratkartoffeln, eine Spezialität der heimischen Küche, „in schiere Bodder braadt" (in reiner Butter gebraten), damit sie ihre goldgelbe Farbe erhalten, und abends gibt es oftmals „schieren Rum" zu trinken. Dass die Menschen danach einen „schieren Kopf" behalten, muss bezweifelt werden.

Schierensee: Adventsgottesdienst
„Macht hoch die Tür" im Rinderstall

Zweiter Advent, 17 Uhr: Seit dem Jahr 2000 ist Gut Schierensee im Kreis Rendsburg-Eckernförde Ort für einen stimmungsvollen Adventsgottesdienst, zu dem alle eingeladen sind. Der große, in ein warmes Licht gehüllte Stall auf der neuen Hofanlage, an der Stirnseite das strahlende Kreuz, ein Pastor, der in die Vorfreude auf Weihnachten einstimmt, der Knabenchor in liturgischen Gewändern gemeinsam mit dem Philharmonischen Blechbläserensemble auf den Stufen hinter dem schlichten Altar, eingerahmt von mächtigen Tannen aus den Forsten von Gut Schierensee – diese Atmosphäre ist einmalig. Zur Linken wie zur Rechten im Stall stehen die imposanten Limousin-Rinder, Gottesdienst

und Gesang mit Muhen begleitend. Die Besucher sitzen im Mittelgang, unter ihnen der Hausherr und Gastgeber Günther Fielmann sowie zahlreiche honorige Persönlichkeiten aus Politik und Wirtschaft, Kunst und Kultur. Die anschließende Begegnung auf der liebevoll hergerichteten Hofanlage bei Glühwein und Stollen – natürlich von Hof Lütjensee aus ökologischem Anbau – macht den Adventsgottesdienst auf Schierensee zu einem unvergesslichen Erlebnis.
www.gutschierensee.de

Schislaweng Wenn man etwas mit „Schislaweng" tut, geschieht das mit leichter Hand und viel Schwung. Auch hier deutet sich der französische Ursprung an. Vermutlich hat das Wort sich umgangssprachlich aus der Redewendung „Ainsi cela vint" (so ging es zu) entwickelt.

Schleswig: Swinging City
Wenn die Ladenstraße zur Musikmeile wird

Roy Orbisons „Pretty Woman", gespielt von
der Oldie-Band „Conventional Sound", gehört
traditionell zu den Höhepunkten der „Swinging City" in Schleswig. An einem Wochenende meist zu Beginn oder am Ende der Som-
merferien verwandelt sich die Schleswiger
Fußgängerzone in eine einzige Musikmeile.
Es sind keine Bands mit großen Namen, die
auf den fünf Bühnen im Stadtweg, auf dem
Capitolplatz, auf dem Kornmarkt und am Gall-
berg stehen. Es sind Musiker aus der Region,
in Schleswig kennt sie fast jeder. Oldie-Com-
bos sind dabei, Rockbands, Schlagerbarden,
Jazzer, Shantysänger und Spielmannszüge.
Und so lockt das Stadtfest regelmäßig drei
Tage lang von den Mittagsstunden bis um Mitternacht bis zu 15 000 Besucher aus allen Generationen an – und das regelmäßig seit 1989,
als die Innenstadt-Geschäftsleute der „Interes-

sengemeinschaft Ladenstraße" die „Swinging City" ins Leben riefen.
www.stadtmanagement-schleswig.de

Schleswig: Wikinger-Tage
Eintauchen in die Welt vor 1000 Jahren

Wenn die Schleswiger jedes Jahr im Sommer an ihre Geschichte erinnern, muss es möglichst authentisch sein. Hörnerhelme, wie sie klischeehaft das Haupt einiger Spielfilm-Wikinger zieren, sind bei den Wikingertagen verpönt. So etwas gab es schließlich nicht in der Wikingerstadt Haithabu auf der südlichen Seite der Schlei am Haddebyer Noor. Meist Ende Juli kommen die Nordmänner auf den Königswiesen zu den Wikingertagen zusammen. Drei Tage wird dann gefeiert. Im Mittelpunkt steht ein Wikingerdorf, in dem mehr als 400 Männer, Frauen und Kinder leben wie ihre Vorfahren. Sie kochen am offenen Feuer, beweisen ihre Kunstfertigkeit, stellen Kämme,

Schmuck und Geschirr her. Sogar Waffen werden gefertigt. Man braucht sie für die beim Publikum besonders beliebten Kampfshows. Auf den Königswiesen kann man für ein paar Stunden völlig eintauchen in die Welt vor 1000 Jahren – sogar kulinarisch. Fladenbrote und mit Kräutern aromatisiertes Lammfleisch werden gereicht, und dazu gibt es selbstverständlich einen lauwarmen Met (Honigwein). *www.wikingertage.de*

Schleswig-Holstein-Tag
Das Fest der Vereine und Verbände

Es ist „das" Fest der Schleswig-Holsteiner. Ein buntes Meer aus Fahnen, Zelten, Bühnen und mehreren Hunderttausend Besuchern bietet der Schleswig-Holstein-Tag. Für drei Tage stehen dabei alle zwei Jahre Menschen im Mittelpunkt, die an sich jeden Tag gefeiert werden sollten – die vielen Tausend Ehrenämtler, ohne die das vielfältige soziale und gesellschaftliche Leben im Land zwischen den Meeren zum Erliegen kommen würde. Ihre Arbeit ist wertvoll, auch wenn sie nicht entlohnt wird. Die Ehrenämtler der rund 150 Vereine und Verbände, die sich beim Schleswig-Holstein-Tag präsentieren, sorgen für Unterhaltung, spenden Trost, leisten Hilfe, ermöglichen die Teilnahme an Kultur und Sport, sie bringen Farbe in das Leben Tausender Schleswig-Holsteiner. In den ehrenamtlichen Rettungsdiensten setzen sie sogar ihr Leben für andere aufs Spiel. Doch von dieser Dramatik ist beim fröhlichen

Schleswig-Holstein-Tag nichts zu spüren. Vorführungen und Live-Musik auf den Bühnen,
Picknick-Decken auf den Grünflächen, Umzüge und lockere Begegnungen prägen das
sommerleichte Ambiente der vom Heimat-
bund ausgerichteten Festtage, die immer in einer anderen Stadt stattfinden. Die Vereine nut-
zen die schöne Atmosphäre, um in weißen Pa-
godenzelten über ihre Arbeit zu informieren
und neue Mitglieder zu gewinnen, die sich
dann bei den künftigen Schleswig-Holstein-
Tagen zu Recht feiern lassen dürfen.
www.shtag.de

schlumpen „Hest du schlumpt?", wurde eine Ei-
derstedterin von einer älteren Nachbarin gefragt, als ihre selbst gemachte Marmelade einmal nicht fest genug war. Sie wollte damit ausdrücken, dass mit den Zutaten womöglich
„schlampig" umgegangen worden sei. Eine

Leserin aus den Reußenkögen (Nordfriesland) meint, „schlumpen" sei mit „schlampig arbeiten" falsch übersetzt. Dieses Verb bedeute vielmehr „schätzen". Es sei auf Anraten des großen Philosophen und Mathematikers Gottfried Wilhelm Leibniz (1646–1716) aus dem plattdeutschen „slumpen" ins hochdeutsche „schlumpen" übertragen worden und heiße „blind erraten, auf gut Glück schätzen". Im Holsteinischen kennen wir aber auch das Adjektiv „slumpsch" im Sinne von „nachlässig, schlampig". Wer also die Zutaten für die Marmelade etwas zu großzügig bemessen hat, hat auf gut Glück geschätzt, ist schlampig mit der geforderten Menge umgegangen. Beide Versionen sind richtig.

September Mit dem Ausspruch „Wann di September man gu'wart" (Wenn der September nur gut wird) schöpften die alten Helgoländer nach einer verregneten und „abgewehten" Badezeit („ufweiht Boadtid") noch Hoffnung auf eine gute Nachsaison. Diesen Spruch haben uns Ritva und Nils Århammar aus Bredstedt übermittelt. Das Ehepaar hat sich seit Jahrzehnten in besonderer Weise um die Erforschung des Helgoländischen verdient gemacht.

Snutig „Dat is mol en snutige Deern", sagte der Prokurist beim Einstellungsgespräch über eine Auszubildende. Er meinte damit, dass sie das „Mundwerk" auf dem rechten Fleck habe, schlagfertig sei. In einigen Gegenden unseres Landes meint man mit diesem Adjektiv auch

„vorlaut, frech". Es ist unschwer zu erkennen, dass sich diese Eigenschaft vom Nomen „Snut" (Schnauze, Maul, Mund) herleitet. „Wiessnutig" ist ein naseweises Kind, „grootsnutig" ein Angeber.

sonntags „Sonntags hinken keine Jungs", heißt es im Kreis Schleswig-Flensburg. Wenn es ums Vergnügen geht, dann sind Krankheit und andere Beschwerden, die sich in der Woche angesammelt haben, wie im Fluge verschwunden.

St. Peter-Ording: Strandsegeln
Regatta-Fieber auf der Sandbank

St. Peter-Ording, das ist Urlaub, Sommer, Sonne, Sand und Meer – und natürlich Wasser- und Strandsport. Die größte Sandkiste der Westküste ist das Eldorado für alle Strandsegler und Kitebuggy-Fahrer. Auf den Wellen der Nordsee tummeln sich Surfer und Kitesurfer. Wenn der richtige Wind weht, sind hier die Bedingungen in diesen Sportarten für nationale und internationale Wettbewerbe ideal. Und wo es um sportliche Ehren geht, da wird natürlich auch gefeiert. Bereits zu Ostern starten die ersten Regatten. Ein fester Termin ist die internationale Pfingst-Regatta der Strandsegler mit Teilnehmern aus ganz Europa, die vom Yachtclub St. Peter-Ording ausgerichtet wird. Er ist der älteste Landseglerclub Deutschlands. Spitzengeschwindigkeiten von bis zu 130 Stundenkilometern können beim Strandsegeln erreicht werden. Die Bedingun-

gen auf der Sandbank gelten als weltweit einzigartig. Höhepunkt des Sportjahres ist der Kitesurf-World-Cup, der regelmäßig im Sommer ausgetragen wird. Zehn Tage lang zeigen Spitzenathleten aus der ganzen Welt ihr Können, scheinen mit ihren akrobatischen Sprüngen die Gesetze der Schwerkraft aufzuheben. Und auch das Rahmenprogramm mit Partys, Musik und Shows kann sich sehen lassen.
www.st.peter-ording-nordsee.de

staatsch „Wat is di dat doch für en staatsche Brügam!" (Bräutigam), war die einhellige Meinung über den hochgewachsenen gutaussehenden jungen Mann an der Seite seiner hübschen, bezaubernden Braut. Einige Jahre später wendet sich seine Frau mit den Worten von ihm ab: „Mit di is ok keen Staat mehr to maken!" (Mit dir kann ich mich nicht mehr sehen lassen). Er ist inzwischen nachlässig geworden, unordentlich gekleidet und vom Alkohol gezeichnet.

steertfast „Steert" nennt man den Schwanz, Schweif oder den Steiß bei Tieren, bei Menschen das Hinterteil. In Verbindung mit „Steert" gibt es im Plattdeutschen unzählige Redensarten (siehe *Wippsteert*). Nimmt einer „den Steert in de Hand un treckt af" (zieht ab), ist er beschämt, und „is he nich steertfast" (fest), ist er nicht treu und zuverlässig. Der „Steert" steht für „fest und verlässlich".

Stipp in de Pann Während des Zweiten Weltkrieges und danach bis weit in die Fünfzigerjahre gab es in vielen schleswig-holsteinischen Familien „Stipp in de Pann". Voraussetzung war, dass immer genügend Kartoffeln und Zwiebeln und die noch viel seltenere „gute Butter" und Speck im Hause waren. Die Mutter bräunte dann Zwiebeln und Speck in Butterfett an, stellte die Pfanne einschließlich einer Schüssel mit Pellkartoffeln in die Mitte des Tisches, und die ganze Familie stürzte sich, mit einer Gabel zum Stippen bewaffnet, auf die „Königin" der damaligen Gerichte.

Süderbrarup: Brarupmarkt
Wo sich alles um das Riesenrad dreht

Der Brarupmarkt ist das größte ländliche Volksfest im Norden. Jeweils am letzten Wochenende im Juli kommen zwischen Freitag und Dienstag mehrere Hunderttausend Menschen auf den Süderbraruper Marktplatz, um

sich zu vergnügen und vor allem um Bekannte zu treffen. Markenzeichen des traditionsreichen Festes, das urkundlich erstmals im Jahr 1595 erwähnt wurde, sind Riesenrad und Kettenflieger. Attraktion sind die Festzelte, die am Wochenende mit Ausnahmeregelungen bis um drei Uhr morgens geöffnet haben. Gestartet wird die „fünfte Jahreszeit" – wie der Brarupmarkt auch genannt wird – durch einen Böllerschuss. Haupttag ist der Brarupmontag, an dem früher der „Heiratsmarkt" stattfand. An diesem Tag haben im Amt Süderbrarup nur Verkaufsgeschäfte geöffnet. Sonst ruht das gesamte Wirtschaftsleben, weil die Chefs ihre Mitarbeiter auf den Markt einladen. An diesem Montag findet ebenso der Brarup-Frühschoppen statt, bei dem prominente Landespolitiker auf humorvolle Art den Fragen der Kommunalpolitiker standhalten müssen und der „Brarup-Orden" vergeben wird. *www.brarupmarkt.de*

Sylt: Windsurf World Cup
Die perfekte Welle

Alles begann mit Robby Naish – das gilt nicht nur für das Windsurfen, sondern auch für den Windsurf World Cup Sylt. Bei der Premiere 1984 sicherte sich die Windsurf-Legende den Gesamtsieg und war auch in den nächsten Jahren nicht zu schlagen. Mit den Jahren ist der World Surf Cup zu einem unverwechselbaren Markenzeichen Sylts geworden: 1990 reisten erstmals über 100 000 Zuschauer an den Strand in Westerland, heute sind es stets mehr als 200 000. Funsport, ein Rahmenprogramm mit Halfpipe- und Skiakrobatik-Shows, Mountainbiking sowie eine Foto- und Gemäldeausstellung machten das Sportereignis zu einem

Mega-Event. So stieg das Preisgeld 1991 erstmals auf 100 000 US-Dollar. Drei Jahre später
surften die 96 Teilnehmer dann schon um
150 000 Dollar. Ein Jahr später wurde Sylt mit
dem Grand-Slam-Status geadelt.

www.windsurfworldcup.de

taag, toog „Dat Steak is taag as Ledder, dat kanst man an de Swien verfodern", sagte der Gast in einem Landgasthof zum Ober und schob ihm verärgert den Teller hin (Das Steak ist zäh wie Leder, das kannst du nur an die Schweine verfüttern). Daraufhin kam die Besitzerin, eine neunzigjährige, noch rüstige Dame an den Tisch, um sich die Beschwerde anzuhören. „Wenn hier in dissen ehrwördigen Kroog wat taag is, denn bün ik dat. Heff twee Kriege un dree Mannslüüd överleevt. Wenn du mi ok de Swien vörsmieten wullt, denn musst mi dat seggen" (Wenn hier in diesem ehrwürdigen Gasthof etwas zäh ist, dann bin ich das. Habe zwei Kriege und drei Männer überlebt. Wenn du mich auch den Schweinen vorwerfen willst, musst du das nur sagen). Daraufhin bezahlte der Gast wortlos und ging.

taltern „Dor wüllt wi nich lang mit rümtaltern", sagte die Mutter, beguckte sich das Loch in der Hose ihres Sohnes und setzte einen Flicken darauf (damit wollen wir uns die Zeit nicht vergeuden).

„So'n Talterie!", schimpfte der junge Mann. Er wartete seit einer geschlagenen Stunde auf seine Liebste, die offenbar Schwierigkeiten hatte, sich für den gemeinsamen Tanzabend gebührend herauszuputzen.

Teepott, -putt Den Teetopf, auch Teekessel, kennen alle Norddeutschen, sicherlich auch die Bedeutung im übertragenen Sinne. Verärgert schüttelt die Hausfrau den Kopf. Ihr Mann hat offensichtlich zwei linke Hände. „Du ole Teepott", ruft sie, „hest wedder de verkehrten Schruven indreiht. Wa oftens mutt ik di dat noch verkloren!" (Du alter Teepott, hast du wieder die falschen Schrauben eingedreht. Wie oft muss ich dir das noch erklären). Mit „Teepott" (teepottig) bezeichnet man einen einfältigen, unbeholfenen Menschen, einen „Döskopp" (siehe auch *dösen*).

topass „Dat is mi in de Prüfung goot topass kamen, dat ik bi en Opgav den ‚Pythagoras' butenkopps praat harr", sä de angahn Timmergesell. („Das ist mir in der Prüfung zugute gekommen, dass ich bei einer Aufgabe den ‚Pythagoras' parat hatte", sagte der angehende Zimmergeselle.)
Beim Anprobieren hat das junge Mädchen immer Glück. „Wat se ok antreckt, is ehr topass", sagt ihre Mutter (Was sie auch anzieht, das passt, steht ihr).

Törf In Kappeln und Umgebung hört man häufig diesen Spruch: „Hest woll op Törf seten" (Du hast wohl auf Torf gesessen). Damit meint man, dass jemand böse enttäuscht wurde oder auf jemanden hereingefallen ist. Torf bietet durch seine moorige Beschaffenheit einen unsicheren Untergrund, ist also unzuverlässig. So ist diese Metapher zu verstehen. Das gilt übrigens auch für den „Törfkopp" (Torfkopf), der auch als „Wirrkopf" oder „Tüdelmors" bezeichnet wird.

töven, töben „Tööv op mi", sagt der Malergeselle zu seiner Verlobten, „ik heff in Argentinien Arbeit funnen, wenn'k Geld noog verdeent heff, hol ik di na" (Warte auf mich, ich habe in Argentinien Arbeit gefunden, wenn ich genug Geld verdient habe, hole ich dich nach). Die Braut musste fünf Jahre lang warten. Das war wenige Jahre nach dem Zweiten Weltkrieg. Das Verb „töven" gibt es schon im Mittelniederdeutschen (es hat aber nichts mit dem „Tövern" – Zaubern – zu tun). In einigen Teilen unseres Landes, so zum Beispiel in Dithmarschen, sagt man auch „töben".

Travemünder Woche
Seglertreff an der Travemündung

Neben der Kieler Woche findet jährlich ein weiteres Segel-Großereignis in Schleswig-Holstein statt: In Travemünde treffen sich meist Ende Juli die Weltklasse-Segler noch einmal zur zweitgrößten Serie von Segelregatten weltweit. Entstanden ist die Travemünder Woche aufgrund einer Wette. Zwei Hamburger Kauf-

leute segelten hier 1989 um die Wette und eine Flasche Lübecker Rotspon. Daraus ist seit 2004 der Rotspon-Cup entstanden. Der Lübecker Bürgermeister – Travemünde ist ein Stadtteil der Hansestadt – misst sein seglerisches Können mit dem der Bürgermeister anderer Städte. Dieses spektakuläre Ereignis bildet aber nur die Kulisse für eine Serie von international besetzten Segelregatten. Fast 3000 Segler aus aller Welt kämpfen in verschiedenen Bootsklassen um den Sieg. Das sportliche Großereignis wird heute von einem Volksfest begleitet, zu dem jährlich bis zu eine Million Besucher auf die Festmeile in Travemünde kommen. *www.travemuender-woche.com*

Treia: Pferdemarkt
Von Pferdefußball bis Westernreiten

Solch einen gewaltigen Besucheransturm erlebt die 1500-Seelen-Gemeinde Treia nur zu Pfingsten: Bis zu 20 000 Menschen strömen am Pfingstmontag auf die Finkewiesen, um Augenzeugen nicht selten atemberaubender Vorführungen hoch zu Ross zu werden. Ob Pferdefußball, Ritterturnier, Westernreiten oder ein Fanfarenzug auf Schimmeln – ein fast sechsstündiges Programm wird geboten. Bis zu 100 Rösser mit ebenso vielen Reitern ziehen die Zuschauer in ihren Bann. Beim eigentlichen Pferdemarkt wird nach altem Brauch der Kauf per Handschlag besiegelt, wenn Pferde und Ponys aller Rassen den Besitzer wechseln. Doch auch, wer kein Lieb-

haber dieser besonderen Tiere ist, hat seinen Spaß. Denn das Treffen wird durch Flohmarkt, Schlemmermeile, Spielmöglichkeiten für Kinder sowie Tanz und Musik im Festzelt ergänzt. *www.treia.de*

Tritt Statt Trittleiter sagen die Norddeutschen, besonders bei kleinen Leitern, meistens nur „Tritt". Eine Arzthelferin aus Schleswig-Holstein war im Schwarzwald tätig. Anlässlich einer ärztlichen Behandlung bot sie einer Patientin an: „Wenn Sie nicht allein auf die Liege kommen, gebe ich Ihnen einen Tritt." Sie kam dann ganz schnell ohne „Tritt" auf die Liege.

tumpig Ein „tumpiger" Mensch ist jemand, der offenbar „nicht richtig tickt", beschränkt und dumm ist. Die ursprüngliche Bedeutung war „dumpf".

Tuten und Blasen Als der neue Minister in sein Amt eingeführt wurde, gab er zu, „von Tuten und Blasen" keine Ahnung zu haben, nicht den blassesten Schimmer von seiner bevorstehenden Tätigkeit. Aber schon nach kurzer Einarbeitungszeit strafte er seine Kritiker durch beachtliches Fachwissen Lügen. Das Verb „tuten" ist im 14. Jahrhundert aus dem Niederdeutschen ins Hochdeutsche übergegangen und geht auf das mittelniederdeutsche „tûten" zurück. Im Englischen kennen wir „to toot", im Dänischen „tude" und im Schwedischen „tuta". Sie alle sind lautnachahmenden Ursprungs. Die „Tute" ist ein Blasinstrument, vergleichbar mit der Trompete.

Tuun un Latt Wenn die Kinder durstig waren und hastig und viel tranken, rief die Großmutter ihnen zu: „Holt op, jem piescht ja naher över Tuun un Latt!" (Hört auf, ihr pinkelt ja nachher über Zaun und Latte). In einigen Landesteilen soll es sogar unter den Jungen Wettkämpfe im Hoch- und Weitpinkeln gegeben haben.

Tweeschen In dem Nomen „Tweeschen" steckt das Zahlwort „twee" (zwei). Gemeint sind Zwillinge. „Mann, dat geev Luft", sä de Deern, dor harr se Tweeschen boren („Mann, das gab Luft", sagte das Mädchen, da hatte sie Zwillinge geboren) – gemeint ist: „Was für eine Erleichterung!"

um und bei Soll eine Entfernung, eine Höhe, eine Tiefe oder eine Menge angegeben werden, deren Maße man nicht genau kennt, verlegt man sich gern aufs ungefähre Schätzen. So kostet ein Paar Schuhe „um und bei" hundert Euro, der Kirchturm ist „um und bei" fünfzig Meter hoch und der Fluss „um und bei" zehn Meter tief und zweihundert Meter breit. Die Plattdeutschen sagen dann „üm un bi" oder „övern Dumen" (übern Daumen). Die Präposition „um" geht auf das mittelhochdeutsche „umbe" (um – herum) zurück. Im Niederdeutschen und Schwedischen kennen wir dafür „om". Verwandt ist unter anderem das griechische „amphi" (Amphitheater).

Umgangsschule In früheren Jahrhunderten fand der Schulunterricht häufig nicht in einem festen, dafür vorgesehenen Schulgebäude statt, sondern umlaufend bei den Bauern des Dorfes. Hier hatte der Lehrer dann auch meistens seine Wohnstätte und wurde natürlich auch, bei einem Einkommen an der Armutsgrenze, mit verpflegt.

un- Wir haben es hier wie im Hochdeutschen mit der Vorsilbe „un-" zu tun, mit deren Hilfe in der Regel eine Verneinung bei Adjektiven und Substantiven gebildet wird. Dass „Undank" der „Welten Lohn" ist, ist hinlänglich bekannt. Wer immer *Undöög* (siehe dort) im Kopf hat, ist ein Spaßmacher, dabei kann er auch bisweilen „unliedsam" (unleidsam) sein.

Unaart „Dat is en Unaart, sien Güntöver bi't Snacken nicht in'e Ogen to kieken. Leeg is dat, em

dorbi stüttig in't Woort to fallen, noch leger,
em op't letzt ok noch to beschimpen" (Es ist
eine Unart, einfach schlechtes Benehmen, seinem Gegenüber im Gespräch nicht in die Augen zu schauen, schlimmer, wenn man ihm
dabei ständig ins Wort fällt, und noch schlimmer, ihn zu guter Letzt auch noch zu be-
schimpfen).
Ein Kind, das diese Regeln noch nicht kennt,
ist „unardig" (ungezogen), „recht so'n
Unaart".

Unband Ein „Unband" ist ein Mensch mit unge-
zügelter, wilder und überschäumender Le-
benskraft. Meistens sind damit unbändige
Kinder gemeint, vor allem Jungen. Sie sind
dann „unbannig" (auch ungezogen).

Undeert In der wörtlichen Übersetzung heißt dieses Wort „Untier". Es handelt sich hierbei um
eine Verstärkung von „Deert" (Tier). Damit
wird ein Tier bezeichnet, vor dem man sich
fürchten soll, häufig auch Ungeheuer. Sehr anschaulich beschreibt „Krischan Holschen"
(Christian Holstein) in seiner Geschichte „Dat
Andenken" die Angst eines Konfirmanden vor
seinem ersten Tanz mit einem Mädchen, „as
weern dat gor keen richtige Minschen, de
Deerns, sünnern Undeerter" (als wären das
gar keine richtigen Menschen, die Mädchen,
sondern Ungeheuer).

Undöög „De arme Jung harr mit sein Frünnen lever Undöög maakt, as mit so'n ‚Undeert' vun
Deern to danzen" (Der arme Junge hätte lieber
mit seinen Freunden Unfug, dummes Zeug

und allerhand Unsinn gemacht, als mit so einem „Ungeheuer" von Mädchen zu tanzen). Das Wort geht auf das mittelniederdeutsche „undoget" zurück und hat mit „döögen" (= taugen) zu tun.

unklook Dieses Adjektiv „unklook", in der wörtlichen Übersetzung „unklug", wird auf unterschiedliche Art und Weise gebraucht. Mal für unvernünftig und dumm („Wa kannst du bloots so unklook ween"), mal im Sinne von Verrücktwerden („Dor ward en rein bi unklook"), ein andermal in der Redewendung „Du büst je woll unklook" (Du bist ja wohl nicht recht bei Trost). Von ausgelassenen Menschen heißt es auch: „Se speelt unklook."

utbüxen Ursprünglich verwies dieses Verb, das in seinem Stamm das Wort „Büx" (Hose) hat, darauf, dass man zum Bezahlen den Geldbeutel aus der Hose zog. Umgangssprachlich wird hierfür heute „blechen" verwendet. Inzwischen verstehen wir unter „utbüxen", dass jemand ausreißt, das Weite sucht.

utgahn Nach einer langen Disco-Nacht musste sich eine junge Schleswigerin von ihren Eltern oft anhören: „Keen weet uttogahn, mutt ok weten optostahn" (Wer ausgehen kann, muss auch aufstehen können). Ist jemand bei einer Tätigkeit nahe dran, die Geduld zu verlieren, ruft man ihm zu: „Laat di dorbi man nich de Piep utgahn" (Lass dir dabei nur nicht die Pfeife ausgehen). Und vermutet er, dass bei einer Sache am Ende nichts herauskommt, sagt er: „Dat ward utgahn as dat Hornberger

Scheten" (wie das Hornberger Schießen).
Diese Redewendung ist erstmalig bekannt geworden in einer Beilage der „Freiburger Post"
aus dem Jahre 1915, geschrieben von einem
Pfarrer Kaltenbach. Sie soll sich auf ein Ereignis aus dem Jahre 1519 beziehen, als die Stadt
Hornberg von den Villingern angegriffen
wurde. Die Hornberger sollen so schnell ihre
Munition verschossen haben, dass die Angrei-
fer nur das Ende der Kanonade abwarten
mussten, um Hornberg erobern zu können.

Utkiek, utkieken Mit „Utkiek" ist der Ausguck oder
die Aussicht gemeint, besonders der Ausguck
auf dem Schiff vom Mastkorb aus. Aber auch
Hügel, von denen man eine gute Aussicht hat,
bezeichnet man so. Über mancher Haustür
findet man noch diese Aufforderung einzutre-
ten: „Kumm rin un kiek ut." Ist man nicht er-
picht darauf, wendet man sich ab und sagt:
„Dor kiek ik nich na ut" (kein Bedarf).

Utlucht, utluchten Mit „Utlucht" bezeichnet man
in Teilen unseres Landes den Ausbau am
Haus, Erker, aber auch Ladenfenster, wie es sie
unter anderem in städtischen Häusern wie in
Arnis und Schleswig in der Fischersiedlung
Holm zu bewundern gibt. In alten Bauernhäusern ist das der Raum gegenüber der *Göt*
(Abwaschküche). Das Verb „utluchten" bedeutet „auslüften". „De Kledaasch mutt mol utlucht warrn" (Die Kleidung muss mal ausge-
lüftet werden).

Uul – ulen Die Eule (Uul, mittelniederdeutsch
„ule") ist Gegenstand vieler Redewendungen,

Sprichwörter und geflügelter Worte. Im Niederdeutschen bedeutet das Verb „ulen" fegen, reinigen. Da die Eule das Aussehen eines Federwischs hat, hat sie danach ihren Namen erhalten. Der Name „Eulenspiegel" (fege mir den Spiegel/Hintern) mag wohl darauf zurückzuführen sein. Bei Enttäuschungen kann man häufig diesen Ausspruch hören: „Dor hett en Uul seten" (Da hat eine Eule gesessen). Abergläubische Menschen hielten den Platz, wo sich eine Eule niederließ, für einen unglückbringenden. Im Athen des Aristophanes (444–380 v. Chr.) war die Eule ein Sinnbild für Klugheit. Wenn heute über jemanden etwas Altbekanntes gesagt werden soll, heißt es: „... das hieße Eulen nach Athen tragen." Mir scheint, dann sollte man es auch getrost lassen, da es überflüssig ist.

Üüts, Poggüüts (Kröte) Diese plattdeutsche Bezeichnung für Kröten ist besonders in den südlichen Teilen unseres Landes (um Lauenburg und Hamburg herum) gebräuchlich. Gern wird dieses Wort im übertragenen Sinne für widerliche und unausstehliche Menschen benutzt („So'n Üüts kann ik nich af" – So eine Kröte kann ich nicht ertragen).

verknusen Im Plattdeutschen sagt man von einem Menschen, der eine Menge essen kann, „he kann en Barg verknusen" (einen Berg verdauen, vertragen). Das Verb „knusen" bedeutet „drücken, zerquetschen, zermalmen" (dänisch „knuse"). In übertragenem Sinne meint man mit „jemanden nicht verknusen können", dass man eine bestimmte Person nicht „ab, ertragen, ausstehen" könne. Eine fast existenzielle Bedeutung bekommt dieser Ausdruck in dem Satz: „Ik kann den Dood vun mien Fru/Mann nich verknusen" (überwinden).

verspelen Das Verb „verspelen" (verspielen) hat eine mehrfache Bedeutung. Hat man beim Kartenspielen verloren, „hett man verspeelt". Geht es dabei um viel Geld, „verspeelt en Kopp un Kragen" (Kopf und Kragen). Und auch wenn man sein Ziel nicht erreicht hat, „hett man verspeelt". Das gilt auch, wenn man einen Prozess verloren hat. Hat jemand deutlich sichtbar an Gewicht abgenommen, begegnet man ihm häufig mit den Worten: „Mann, hest du avers verspeelt." Hat man das Vertrauen eines anderen verloren, sagt der: „Du hest bi mi verspeelt."

Vördook Frauen auf dem Lande, die mal eben auf dem Wege zu einem „Klönschnack" mit der Nachbarin sind oder kleine Besorgungen machen, trifft man häufig mit einem um die Brust geschlagenen Tuch. Dieses heißt in vielen Teilen unseres Landes „Vördook" (Vor- oder Brusttuch) und vermittelt den Eindruck des Eiligen, denn offenbar wird eine andere, wärmere Kleidung nicht für nötig gehalten.

vördwass un vördweer (auch ver-) Versperrt ein querstehendes Fahrzeug die Weiterfahrt, steht es „vördwass un vördweer". Dieses Wortpaar wird auch gern bemüht, um eine turbulente Situation anschaulich zu beschreiben („Dat geiht hier allens vördwass un vördweer", geht kreuz und quer durcheinander). Und ein Mensch, der seine Sinne nicht immer ganz beisammen hat, ist nicht nur ein „Tüdelbüdel", sondern viel schlimmer noch, „en vördwassen Keerl".

Vörsmack Der Eilige, Vorschnelle wird beim Essen ermahnt: „Nich vör Vader an't Fatt" (Nicht vor Vater ans Fass). Damit wird an eine alte Sitte erinnert, wonach der Vater bei Tisch zunächst „Vörsmack holen", also vorschmecken und die Mahlzeit als gelungen anerkennen musste, bevor sie für die anderen freigegeben werden konnte. Waren das noch Zeiten!

Voss, de bruut Einem Leser aus Rendsburg fällt immer, wenn Nebel über der Wiese liegt, dieser Vers aus dem Gedicht von Klaus Groth „De Moel" (die Mühle) ein (Schreibweise original Klaus Groth):

De Pogg quarkt in't Rohr,
de Voss bruu't in't Moor,
un wit inne Feern schallt Gesank.
Min Hart stiggt to Höch
ik weet ni wa'k seeg,
de Thran lopt de Backen hentlank.

(Der Frosch quakt im Schilf
der Fuchs braut im Moor,
und weit in der Ferne schallt Gesang.
Mein Herz steigt hoch,
ich weiß nicht, was ich sehe,
die Träne läuft die Backen entlang.)

In der zweiten Zeile („der Fuchs braut im Moor") wird der beim Bierbrauen entstehende Dampf mit dem Nebel verglichen. So wagt sich der Fuchs erst bei Nebel heraus, um dabei unentdeckt zu bleiben.

Vullbuuksabend Damit bezeichnete man den Weihnachts- und Neujahrsabend. „Denn geev dat fix wat för't Mess" (Dann gab es was fürs Messer). Es wurde tüchtig aufgetischt, und die Kinder durften so viel essen, wie sie wollten. Aber nicht nur sie, auch die Erwachsenen langten kräftig zu, sodass sich ihre Leiber wölbten. Sie waren dann „vullbuuks" (vollbäuchig).

vundag Im Hochdeutschen sagt man „heute, heute Vormittag, heute Mittag, heute Nachmittag" und so weiter. Im Plattdeutschen heißt es dann „vundag", „vunmorrn", „vunmiddag", „vunnamiddag", „vunabend" und „vunnacht". Immer häufiger setzt sich umgangssprachlich „hüüt" für „heute" durch, beispielsweise: „Ik kaam hüüt Middag nich to'n Eten" (Ich komme heute nicht zum Mittagessen).

Wacken Open Air
Lauter als die Hölle

So ein Lebensgefühl gibt es nirgendwo sonst: Jedes Jahr am ersten Augustwochenende wird in Wacken (Kreis Steinburg) „louder than hell" – lauter als die Hölle – gefeiert. Zum größten Heavy-Metal-Festival der Welt pilgern 75 000 Besucher in das schleswig-holsteinische Dorf, um den Ausnahmezustand zu leben. Die Karten sind immer ruckzuck ausverkauft. Wer eines der begehrten Tickets ergattern konnte, macht es sich auf den Koppeln im Ort bequem. Auf den Äckern werden eine riesige Zeltstadt und vier Bühnen hochgezogen, auf denen die Weltstars des Metals rocken. Überall, wo man hinschaut, schwarz gekleidete, stets freundliche Fans, die nicht zu überhören und schon gar nicht zu übersehen sind. Stört aber keinen. Dorfbewohner und

Fans feiern den kollektiven Rock-Wahnsinn jedes Jahr aufs Neue gemeinsam. Das dreitägige Open-Air-Festival (Abkürzung W:O:A) mit Dutzenden von nationalen und internationalen Bands startete 1990 – mit damals gerade einmal 800 Besuchern. Heute reisen Festivalteilnehmer aus aller Herren Länder mit Flugzeugen und in Sonderzügen an. *www.wacken.com*

Wattenpost Diesen Beitrag lieferte uns ein aufmerksamer Leser. Bis ins 19. Jahrhundert hinein waren die Nordfriesischen Inseln und Halligen von der allgemeinen Postzustellung abgeschnitten. Die Bewohner mussten sich ihre Post in Husum abholen. Schon im 17. Jahrhundert organisierte sich eine private Wattenpost einzelner Schlickläufer, die bei Ebbe Post zu Fuß auf die Inseln brachten. Es war eine gefährliche Tätigkeit, wenn plötzlich Nebel einsetzte. Etliche Schlickläufer fanden den Weg nicht mehr und ertranken in der Flut.

Weeswark Mit „Weeswark" ist ursprünglich ein „Gewese, Betrieb" bezeichnet worden. Daraus ist dann, im übertragenen Sinne, die typisch schleswig-holsteinische Redewendung „Nu maak doch nicht so veel Weeswark darvun" (Mach doch nicht so viel Aufhebens davon) geworden.

Weid(en) Folgen wir dem Dialog zwischen einem Bauern und einem Fahrensmann in früheren Zeiten, wird schnell klar, dass mit „Weide(n)" in diesem Falle nicht die Viehweide gemeint war. Bauer: „Hebbt jüm al wat in'e Weiden?"

Fahrensmann: „Wat meent jüm?" (Was meint Ihr?) Bauer auf Hochdeutsch: „Haben Sie schon etwas zu essen bekommen?" „Weiden" nannte man die zum Wurstmachen benötigten Eingeweide und Därme vom Schwein.

Weihnachtsmärkte
Der Zauber der Lübecker Altstadt

In der Adventszeit verwandelt sich Lübeck in die Weihnachtsstadt des Nordens. Das UNESCO-Weltkulturerbe lädt ein zum stimmungsvollen Bummel durch die festlich illuminierten Altstadtstraßen und bezaubert mit seinen Kunsthandwerkermärkten, besonders schön ist das weihnachtlich geschmückte Heiligen-Geist-Hospital, wie es das Foto zeigt. Der Besuch des Lübecker Weihnachtsmarktes, 1648 erstmals urkundlich erwähnt, rund um das Rathaus und die Breite Straße gehört zu

den vorweihnachtlichen Höhepunkten. Wenige Schritte entfernt – an der Marienkirche –
zieht der Märchenwald mit 20 liebevoll gestalteten Häuschen Jung und Alt in den Bann.
Und der historische Weihnachtsmarkt auf
dem Kirchhof von St. Marien entführt mit seinem mittelalterlichen Ambiente in vergangene
Zeiten. Vor der imposanten Backsteinkulisse
geben Kupfer- und Silberschmiede Einblick in
ihr altes Handwerk, Gaukler, Musikanten und
Akteure auf einer Bretterbühne sorgen für
Kurzweil. Buntes Treiben in einem der
schönsten Kirchenräume des Nordens – das
bietet der Kunsthandwerkermarkt in St. Petri,
der Lübecker Kulturkirche. Hauptanziehungs-
punkt bei den vorweihnachtlichen Feiern in
Lübeck ist jedoch alljährlich das Heiligen-
Geist-Hospital am Koberg. Rund 150 Kunsthandwerker aus Deutschland, Skandinavien,
dem Baltikum, Israel und Peru stellen in der
gotischen Kirchenhalle, den mehr als 100 win-
zigen Kabäuschen des Langhauses und im
mittelalterlichen Gewölbekeller ihre Arbeiten
aus und zeigen die Vielfalt alter und neuer
Handwerkstechniken.
Dies ist eines der schönen Beispiele einer
Fülle von Weihnachtsmärkten in Schleswig-
Holstein: *www.weihnachtsmarkt-deutschland.de*

Westerland: Weihnachtsbaden auf Sylt
Eiskaltes Ritual

Bei zwei bis drei Grad Wassertemperatur ins
Meer zu springen, ist nicht jedermanns Sache.

Auf Sylt gehört der eiskalte Badegang allerdings zum guten Ton. Seit 1985 versammeln sich jedes Jahr am zweiten Weihnachtstag badefreudige Insulaner und Gäste in Westerland, um gemeinsam in die Nordsee zu steigen. Von Jahr zu Jahr stürzen sich am Brandenburger Strand mehr Teilnehmer in die Fluten. Als wäre das Ritual nicht schon bizarr genug, springen die „Walrösser" entweder verkleidet oder nackt ins Meer. Und auch die Zahl der Schaulustigen hat die Tausendermarke schon seit Jahren weit überschritten. Aus sicherer Entfernung feuern sie die mutigen Wasser-Enthusiasten an. Auf der Promenade werden die vielen Beobachter mit Punsch versorgt, um sich beim Anblick der Badenden nicht zu erkälten.

Wicken Wicken, lateinisch vicia, sogenannte Schmetterlingsblütler, sind Futterpflanzen. Das Wickenfeld, in dem etwas verloren gehen kann, hat sich unter anderem in diesen Sprachbildern versinnbildlicht: Wenn jemand „in de Wicken gahn is", ist er „abhanden gekommen, verloren gegangen". Ist er „dörch de Wicken gahn", dann ist er „durchgebrannt, davongelaufen". Ähnliches kennen wir auch mit „dat is in de Binsen gahn".

Widdelboom Einer der Begriffe, die auszusterben und damit endgültig verloren zu gehen drohen, ist der „Widdelboom", auch „Windel- oder Bindelboom". Wenn früher das Heu lose auf dem Wagen lag, wurde es für den Heimweg mithilfe eines glatten, armdicken Stammes niedergeschnürt (festgebunden, umwickelt). So erklärt sich der Name. Man kennt aber dafür auch den Begriff „Göddelboom", der sich vom plattdeutschen „Göddel" (Gürtel) herleitet. Auf Eiderstedt ist auch der „Wiesboom" hier und dort noch geläufig.

Wieren Sehr anschaulich beschreibt ein helgoländischer Spruch den (erfolgreichen) Versuch einer jungen Frau, den „Mann ihrer Träume" für sich zu gewinnen. „Dji hat hem bi de Wieren iinfin'n" (Sie hat ihn eingefangen, umgarnt). „Wieren" ist wie im plattdeutschen „Wier" der Einzäunungsdraht. Bekanntlich werden auf Helgoland während des Vogelzuges Kleinvögel zum Beringen im Garten der Vogelwarte eingefangen. Daher dieses Sprachbild.

Wiespahl Über den früheren schleswig-holsteinischen Ministerpräsidenten Gerhard Stoltenberg hieß es einmal in einer auf Plattdeutsch gehaltenen Würdigung, „he weer en Wiespahl in de politische Landschop". In dem zusammengesetzten Wort „Wiespahl" sind „weisen, zeigen" und „Pfahl" enthalten. Damit sollte die Standhaftigkeit und Unverrückbarkeit seines politischen Handelns zum Ausdruck gebracht werden. „Wegweiser" als Synonym wäre etwas schwächer in seiner Aussage gewesen. Beide Begriffe sind offenbar aus dem Hochdeutschen entlehnt wie auch „de Wieser" (Uhrzeiger) und „de Wiesfinger" (Zeigefinger).

Wind Es ist gediegen genug. Vor allem Radfahrer im norddeutschen Flachland bekommen ihn zu spüren, den Wind, aber nicht nur als himmlisches Kind, denn glaubt man ihn endlich im Rücken zu haben und sich entspannt auf dem Sattel zurücklehnen zu können, dreht er sich, dieser „Schlawiner", und bläst einem weiter mit unverminderter Heftigkeit „vun vörn in't Gesicht". Im übertragenen Sinne heißt das, jemandem wird gehörig die Meinung gesagt. Aber der Wind stößt auch an seine Grenzen, wie man an dem folgenden Ausspruch unschwer erkennen kann: „De Wind mag woll Sandhupens uteneenweihn, man noch lang keen Morsbackens" (Der Wind kann wohl Sandhaufen auseinanderwehen, aber noch lange keine Pobacken). Damit ist ein Mensch gemeint, der sich in seinem Phlegma nicht aus der Ruhe bringen lässt.

Wippsteert Als „Wippsteert" bezeichnet man Menschen, die nicht ruhig auf ihrem Hinterteil (Steert) sitzen können, sondern ständig hin- und her wippen, kein „Sitzfleisch" haben. Die Ornithologen haben der Bachstelze, lateinisch motacilla, den Namen „Wippsteert" gegeben.

wrangeln „Wat wrangelst du jümmers so rum op den Stohl, sehg to, dat du rutkümmst an de frische Luft!" (Was wrangelst du immer so auf dem Stuhl rum, sieh zu, das du rauskommst an die frische Luft). Das bekam ein Angeliter Kind häufig nach dem Essen von seiner Mutter zu hören. Das Verb „wrangeln" bedeutet „unruhig sitzen", auch „sich am Boden wälzen". Im Englischen kennen wir das Verb „to wrangle" (zanken, streiten).

Zack, zackig Wenn jemand „auf Zack ist", meint man damit, dass er seine Sache gut mache, kompetent sei und bestens funkioniere. Die „Zacke", auch „der Zacken", kann zurückverfolgt werden bis zum mittelniederdeutschen „tacke" (Spitze). Im Englischen kennen wir das Nomen „tag" für Stift, im Schwedischen „tagg" für Zinke, Zacke, Stachel, Dorn. Das Adjektiv „zackig" wird in der Soldatensprache für „schneidig" gebraucht.

zackereren Wenn die Krähen frühmorgens und spätabends mit ihrem ohrenbetäubenden Lärmen einsetzen, beginnt so mancher um den verdienten Schlaf gebrachte Anwohner zu schimpfen: „Wat zackereert se wedder so dull!" (Was fluchen, wüten sie wieder so doll).

Zapp(en) Viele Vögel haben im Plattdeutschen ihren Namen nach ihrem Schrei („Tüt" für Regenpfeifer, Strandläufer und andere), aber auch nach der Art ihrer Fortbewegung („Wippsteert" für die Bachstelze) erhalten. So werden im Flensburger und Plöner Raum Wasserhühner (Blesshühner) „Zappen" genannt. Eine Insel im Plöner See heißt Zappen-Warder.

zappen Allabendlich spielen sich in Millionen Haushalten die gleichen Szenen ab: Es wird von einem Fernsehkanal zum anderen hin- und her gezappt. Das Verb „zappen" ist erst während der zweiten Hälfte des 20. Jahrhunderts aus dem englischen „to zap" ins Hochdeutsche entlehnt worden, womit „etwas verschwinden lassen, löschen" gemeint ist. Wenn

etwas „zappenduster" ist, ist das Licht ge-
löscht, die Helligkeit verschwunden.

Zaster „Lang mal den Zaster her", sagen wir umgangssprachlich und meinen mit „Zaster"
Geld. Dieses Wort entstammt der Sprache der
Sinti und Roma (Romanes), und lautet dort ursprünglich „sáster", was „Eisen" bedeutet.

Zittlöösch Im Plattdeutschen ist mit „Zittlöösch"
(wörtlich „Zeitlose") die Narzisse gemeint, wie
es das mittelniederdeutsche „zittelose" belegt,
und seltener auch die Herbstzeitlose. „Dat gifft
de gele un de witte Zittlöösch" (Es gibt gelbe
und weiße Narzissen).

Wie spricht Schleswig-Holstein?
Michael Elmentaler

Wer seinen Urlaub an der Nord- oder Ostsee-
küste, in der Holsteinischen Schweiz oder am
Ratzeburger See, in Kiel oder Lübeck ver-
bringt, wird wohl die Antwort geben: Man
spricht Norddeutsch. Dabei wird schon dem
Touristen aus NRW, Sachsen oder Berlin die
ein oder andere Abweichung vom eigenen
Sprachgebrauch auffallen, seien es Redewendungen wie das muntere „Geht gleich los!"
beim Bäcker („Sie werden gleich bedient"), der
Ausruf „Ist ja Sünde!" („Das ist schade") oder
die Dankerwiderung „Da nich für" („Gern geschehen", „nichts zu danken"), seien es Wörter wie „Feudel", „Schlachter" oder „Bon-
scher". Vielleicht wird man auch bemerken,
dass manches anders ausgesprochen wird als
in der Heimatregion. Beim Wort „einzeln"
hört man am Schluss ein *t*, dafür wird das *d* in
„Kinder" gerne mal ausgelassen; das morgend-
liche Heißgetränk heißt hier „Kaffe" (mit einem *-e* wie in „Affe"), man „fässt" etwas an
(statt „fasst") und statt „es" gebraucht man

häufig lieber „das" („Na, wie geht dir das?").
Regionales tritt dem Besucher also allenthalben entgegen – paradoxerweise aber meist in
der Sprache, die erst seit verhältnismäßig kurzer Zeit im Norden heimisch ist: Hochdeutsch. Das Hochdeutsche ist in Schleswig-Holstein ein Importartikel. Seine spezifische
regionale Prägung hat es durch den Kontakt
mit verschiedenen anderen Sprachen erhalten,
die hier schon seit dem 8. Jahrhundert gesprochen werden.

Niederdeutsch (Plattdeutsch)

Auch wenn sich Kiel heute weltläufig als „Sailing City" präsentiert und Bezüge auf das traditionelle Plattdeutsch in den Imagebroschüren der Landeshauptstadt nicht vorkommen –
aufmerksamen Besuchern wird es nicht
schwerfallen, die landestypische Sprache kennenzulernen, wenn sie es möchten. Die Niederdeutsche Bühne bietet plattdeutsches Theater, regionale Zeitungen haben niederdeutsche
Kolumnen, die meisten Buchhandlungen verfügen über ein kleines Angebot mit plattdeutschen Sprachführern und regionaler Literatur,
und beim Stadtrundgang durch Kiel kann
man die Lebensstationen des niederdeutschen
Dichters Klaus Groth abwandern. Wer sich in
die kleineren Orte und Dörfer begibt, nach
Dithmarschen, Angeln oder in die Probstei,
kann dem Niederdeutschen durchaus auch
noch als gesprochene Alltagssprache begegnen. Noch bis weit ins 20. Jahrhundert war

das Niederdeutsche die von der großen Mehrheit der Bevölkerung gesprochene Alltagssprache – eine Tradition, die bis in die germanische Zeit zurückreicht.

Das Niederdeutsch des frühen Mittelalters: Altsächsisch

In germanischer Zeit lebten im heutigen Grenzgebiet zu Dänemark verschiedene Sachsenstämme. In den ersten Jahrhunderten n. Chr. wanderten sie nach Süden und dehnten ihr Siedlungsgebiet schließlich über ganz Norddeutschland aus. Nach der Völkerwanderungszeit (im 4. bis 6. Jahrhundert n. Chr.) lassen sich nördlich der Elbe die drei sächsischen Stämme der Dithmarscher, Holsten und Stormaren nachweisen. Sie hatten jeweils eigene Siedlungsgebiete, die im Norden bis zur Eider und im Osten bis zu einer gedachten Linie von Kiel südwärts bis etwa Hamburg-Bergedorf reichten. Wie das frühe Niederdeutsch dieser Stämme, ihr Altsächsisch, ungefähr geklungen haben mag, lässt sich aus überlieferten Texten wie dem sogenannten Wurmsegen aus dem 9. Jahrhundert erahnen.[1]
In diesem magischen Beschwörungstext, der sich wahrscheinlich auf die Heilung von Pferden bezog, werden die Krankheitserreger (*nesso* ‚Wurm' und seine neun ‚Kinder') aufgerufen, aus dem Mark über Knochen, Fleisch und Haut in die Hornschicht des Hufes zu weichen.

*„Gang út, nesso, mid nigun nessiklinon, út
fana themo marg an that ben, fan themo
bene an that flesg, ut fan themo flesgke an
thia hud, ut fan thera hud an thesa strala!
drohtin, uuerthe so!"*

‚Wurm, kriech heraus, (nimm) neun
Würmchen mit, aus dem Mark in den
Knochen, aus dem Knochen in das
Fleisch, aus dem Fleisch in die Haut, aus
der Haut in diesen (Huf-)Strahl! Herr, so
geschehe es!'

Das Altsächsische unterscheidet sich sehr
stark von dem modernen Platt. Wörter wie
nesso ‚Wurm' und *drohtin* ‚Herr' sind schon
seit dem Hochmittelalter aus dem niederdeutschen Wortschatz verschwunden. Auch die
Schreibweise ist noch eine ganz andere. Sub-
stantive werden kleingeschrieben und das
Wort „von" beginnt noch mit einem <f> (*fana*).
Die Schreibung <th> in *that* ‚das' und *thesa*
‚diesen' (gegenüber heutigem *dat, dissen/düs-
sen*) deutet auf einen damals noch bestehen-
den Reibelaut hin, wie wir ihn auch aus dem
Englischen kennen (*that, this*). Außerdem gibt
es in den Endsilben noch volle Vokale, die später reduziert worden oder weggefallen sind,
wie in *nigun* ‚neun' (gegenüber heutigem *ne-
gen*), *fana* ‚von' (heute *von/vun/van*), *themo*
‚dem' (heute *den*) oder *strála* ‚Strahl' (heute
Strahl/Strohl). Andererseits lassen sich aber
bei aller Altertümlichkeit bereits die typischen
Merkmale erkennen, in denen sich das Nieder-

deutsche bis heute vom Hochdeutschen unterscheidet. Ähnlich wie in den heutigen plattdeutschen Dialekten heißt es dort *hud* (heute *Huut*) für hochdeutsch *Haut*, *that* (heute *dat*) für hochdeutsch *das* und *ben* und *flesg* (heute *Been, Fleesch*) für hochdeutsch *Bein* und *Fleisch*.

Mittelniederdeutsch als Lingua franca

In der nachfolgenden Zeit entwickelte sich das Niederdeutsche zur beherrschenden Schriftsprache des norddeutschen Raums. Zwischen dem 14. und 16. Jahrhundert war das Mittelniederdeutsche, der sprachlich weiterentwickelte Nachfolger des Altsächsischen, eine im gesamten nordeuropäischen Raum gebräuchliche *Lingua franca*. Es diente als Verkehrssprache der Hansekaufleute und wurde in den norddeutschen Städten zur Dokumentation von Rechtsgeschäften, zum Protokollieren von Ratsversammlungen und Gerichtsverhandlungen, zur Abfassung von Chroniken, für die städtische Finanzbuchhaltung und für Stadtverordnungen verwendet. So legte eine Bestimmung der Stadt Kiel von 1423 in niederdeutscher Sprache fest, dass man beim Würfelspiel oder „Dobbeln" nicht höher als mit einem Einsatz von 5 Schillingen und 4 Pfenningen spielen dürfe, bei einer Strafe von 3 Mark Silber. Für das Spiel mit falschen Würfeln legte der Rat eine besondere Strafe fest.[2]

Kieler Verordnung (Bursprake) von 1423
zum Würfelspiel

*„Ok schal nement dobelen boven vif schil-
linge unde ver pennynge. Dat bede wy by
dren marken sulvers sunder vordrach. Dobe-
let wy mid valschen worpelen, dat wil de rad
richten."*

‚Auch soll niemand würfeln zu einem
Einsatz von mehr als fünf Schillingen
und vier Pfennigen. Dafür legen wir eine
Strafe von drei Mark Silber fest, ohne
Gnade. Würfelt jemand mit falschen
Würfeln, wird das der Rat richten.'

Noch im Jahr 1542 wurde auch die Schleswig-
Holsteinische Kirchenordnung in mittelnie-
derdeutscher Sprache gedruckt.[3]

„Wo men dŏpen schal.
... De kinder schal men Dŏpen / yn dŭde-
scher sprake vnde yn gewŏntlikem Dŏpestene
/ so yn der Kercken gefunden wert / Se ent-
blŏten van eren Kledern / Vnde dre mal mit
water auer geten / By Winter tiden / schal
de Kŏster warme water yn einem Becken
hebben / vnde setten dat mit water yn den
Dopesteen / Daruth men dat kindt Dŏpe.
Wente de Dŏpe ys thom Heyle vnde nicht
thom vordarue der kinder vorordent ..."

,Wie man taufen soll. ... Die Kinder soll man in deutscher Sprache taufen und in dem gewöhnlichen Taufstein, der sich in der Kirche befindet. Man soll ihnen ihre Kleider ausziehen und sie dreimal mit Wasser übergießen. Während des Winters soll der Küster warmes Wasser in einem Becken bereithalten, und er soll dieses Becken mit dem Wasser in den Taufstein setzen, in dem man das Kind tauft. Denn die Taufe ist zum Heil und nicht zum Schaden der Kinder angeordnet ...'

Gegenüber dem Altsächsischen wirken die mittelniederdeutschen Texte schon deutlich moderner und verständlicher und lassen bereits den Lautstand der heutigen nordniederdeutschen Dialekte erkennen (*schal* ,soll', *men* ,man', *de* ,die, der'). Ungewöhnlich erscheinen uns heute jedoch die im modernen Niederdeutsch verschwundenen Genitiv- und Dativformen

(*yn gewǒntlikem Dǒpestene, yn einem Becken, der kinder*)

und die *e*-Endungen bei Substantiven (*Dope* ,Taufe', heute *Dööp*; *sprake* ,Sprache', heute *Spraak*).

Übernahme des Hochdeutschen als Schriftsprache und gesprochene Sprache

Das Mittelniederdeutsche war um 1500 eine voll ausgebaute und für alle kommunikativen Zwecke geeignete Schriftsprache. Im 16. und 17. Jahrhundert wurde es jedoch im norddeutschen Raum durch eine fremde Schriftsprache ersetzt: das Frühneuhochdeutsche. Hierbei hat sicherlich die massenhafte Verbreitung der Lutherbibel (geschrieben in einem Hochdeutsch ostmitteldeutscher Prägung) eine Rolle gespielt, andererseits auch die abnehmende wirtschaftliche Bedeutung der Hanse und das Erstarken der süddeutschen Handelshäuser. Die städtischen Kanzleien im Norden stellten nach und nach auf die hochdeutsche Schreibsprache um. So wurde in der Flensburger Stadtkanzlei ab 1567 im auswärtigen Briefverkehr auf Hochdeutsch umgestellt, und ab 1630/40 wurden auch interne städtische Dokumente nicht mehr in der Landessprache, sondern auf Hochdeutsch verfasst.[4] In der Folgezeit wurde im norddeutschen Raum nur noch in speziellen Bereichen Niederdeutsch geschrieben, etwa zu privaten Anlässen (z. B. Hochzeitsgedichte) oder in der Literatur, die in Schleswig-Holstein mit den Werken des Dithmarscher Autors Klaus Groth ab 1850 einen neuen Aufschwung nahm. Den Status einer ausgebauten Schriftsprache hat das Niederdeutsche bis heute nicht wiedererlangt, auch wenn es einige Versuche gibt, es als Sprache für Sachtexte zu reaktivieren, etwa im Falle der schleswig-holsteinischen Landesverfassung oder in den Internet-Artikeln aus der „Wikipedia op Platt". In der alltäglichen Kommunikation dagegen ist das Niederdeutsche über all diese Veränderungen hinweg bis heute in Gebrauch geblieben, bis 1900 in vielen Landesteilen als bevorzugte Sprache, im 20. Jahrhundert dann zunehmend in Konkurrenz mit dem norddeutschen Hochdeutsch.

Aus der Landesverfassung
von Schleswig-Holstein (2011)[5]

„Artikel 6
Woans dat Gliekstellen vun Fruunslüüd un
Mannslüüd verbetert warrt
Dat Land, de Gemeenden un Gemeendeverbänn un de annern Steden, de öffentlich verwalten doot, sorgt dorför, dat Fruunslüüd un Mannslüüd no dat Recht un in den Alldag gliekstellt warrt. Sünnerlich schüllt Fruuns- un Mannslüüd to glieke Delen in Gremien sitten, de no dat öffentliche Recht inricht sünd un in de op kollegiale Aart mitenanner spraken un beslaten warrt."

‚Artikel 6

Förderung der Gleichstellung
von Frauen und Männern

Die Förderung der rechtlichen und tatsächlichen Gleichstellung von Frauen und Männern ist Aufgabe des Landes, der Gemeinden und Gemeindeverbände sowie der anderen Träger der öffentlichen Verwaltung. Insbesondere ist darauf hinzuwirken, dass Frauen und Männer in kollegialen öffentlich-rechtlichen Beschluss- und Beratungsorganen zu gleichen Anteilen vertreten sind.‘

Trotz der weitgehenden Durchsetzung des Hochdeutschen in der Schriftlichkeit hat das gesprochene Niederdeutsch bis heute überlebt. Nach jüngsten Schätzungen auf der Basis einer 2008 durchgeführten Umfrage kann man davon ausgehen, dass es in Schleswig-Holstein noch knapp 700 000 Plattdeutschsprecher geben dürfte. Allerdings ist seit dem 19. Jahrhundert die Konkurrenz durch das Hochdeutsche auch im Gesprochenen immer stärker geworden. Dabei lief die Vermittlung der „Fremdsprache" Hochdeutsch in den Schulen nicht immer ohne Probleme ab. So wird noch im 20. Jahrhundert in mehreren Visitationsberichten von Schulinspektoren von den Schwierigkeiten berichtet, die die (häufig selbst plattdeutsch aufgewachsenen) Lehrkräfte bei der Vermittlung des Hochdeutschen an ihre niederdeutsch sprechende Schülerschaft hatten. Dabei wird nicht nur die regionale Aussprache der Schüler, sondern auch die der Lehrer bemängelt[6]:

> *„Es ist überhaupt erstaunlich, wie wenig Lehrer ein deutliches Z sprechen können und den Unterschied zwischen Z und S hören. [...] Der Lehrer selbst spricht ziemlich bäurisch."* (Visitationsbericht Kiel-Gaarden, Dezember 1907)
>
> *„Herr Blass, dem es an gutem Willen nicht fehlt, muss sich ernstlich bemühen, seine bäurische Aussprache abzulegen. (Ido, Anno, Bertho.)"* (Visitationsbericht Kiel-Wik, März 1908)
>
> *„Die Kinder rechnen mündlich und schriftlich befriedigend, schreiben die Zahlen gut, sprechen aber mässig: ,ach ma vie is swei und dreisig'"* (Visitationsbericht Kiel-Knooper Weg, März 1910)

Wenn die kritisierten Lehrkräfte und Schüler „swei" statt „zwei" sagen, das -*a* in „Ida, Anna, Bertha" fast wie ein *o* aussprechen und das *t* oder *l* am Ende von Wörtern weglassen („ach", „is", „ma"), so sind das zweifellos Relikte der alten niederdeutschen Aussprache.

Missingsch

Durch die Anreicherung des Hochdeutschen mit solchen regionalen Formen entwickelten sich in allen norddeutschen Städten eigene Ausprägungen des Hochdeutschen, die man häufig als „Missingsch" bezeichnet. Aus

Schleswig-Holstein ist besonders die Kieler Missingsch-Variante bekannt geworden, die in den 1970er-Jahren von dem Politiker und Kabarettisten Jochen Steffen in satirischen Texten verwendet wurde. Steffen schuf hierfür die Figur des Kuddl Schnööf, eines Werftarbeiters vom Kieler Ostufer, der seine Kommentare zur Politik, Kultur und Gesellschaft seiner Zeit im spezifischen Kieler Hochdeutsch, also auf „Missingsch", zum Besten gab.[7]

„Von die modäne Kunß
Ich sach zu mein Natalje: »Ich as soch-
cher«, sach ich, »ich fühle mir sozeal unter-
bewertet. Es is mich meiß unmöglich un
kommen in gehobene Kreise zu Woht. Und
wa'um? Weil ich nix von die modäne Kunß
verstehn tu. Das wird ab sofoht anners. Wir
besuchen schezz 'ne Ausstellung von die-
selbe.« Mein Natalje: »Glaubs du denn«,
sacht sie, »dassu denn was davon verstehs?«
Ich sach: »Was heiß hier verstehn«, sach
ich, »abers du weiß denn doch wenichstens,
wie du über ihr schnacken soß. Dascha die
Haupsache.« Mein Natalje sacht: »Ver-
ständnis vonnie modäne Kunß is also«,
sacht sie, »wennu da'über schnacken
kanns.« Nu komms du!
Das wa ma wieder eine von sie ihre dämli-
chen Turen. Was weiß ich, ob die annern,
die immer so über die modäne Kunß tünen,
wirklich was von ihr verstehn. Und wir denn
scha los. Annen Eingang kaufte ich einen

Proschpeck. Den muß du haben. Denn in ihm steht in, was du sehn saß, wenn du die Billers bekuken tust. Die Dame, wo den verkaufte, wa schüngeren Datums. Abers auch künßlerisch. Sie truch 'ne Hornbrille un zottelige Haare um Kopp. Die annern, die da rumlatschten, sahn so ähnlich aus. Bei die Männers konnteß du das Künßlertum da an sehn, da sie sich wochenlang davor gehütet hatten, zu nahe an den Rasierapparat ranzugehn. Und dann wahn da noch ein paa nomale Menschen. Sie sahen mich zun Verwecksen ähnlich. Abers den Schein trüchte. Das wa bloß äußerlich."

Der moderate Nachfolger dieses Missingsch ist das heutige Kieler Hochdeutsch, in dem Aussprachevarianten wie „modän" („modern"), „ich sach" und „sie truch", „is" und „glaubs", „anners", „dassu" und „dascha" („dass du", „das ist ja") immer noch zu hören sind. Im Lexikonteil des vorliegenden Buches sind außerdem zahlreiche Wörter und Wendungen zu finden, die aus dem Niederdeutschen ihren Weg ins norddeutsche Hochdeutsch gefunden haben (siehe „beipulen", „brüttig", „duun", „Jieper", „um und bei" und viele andere). Einige haben es sogar in die deutsche Gemeinsprache geschafft und sind auch überregional bekannt (siehe „dösen", „düster", „Ebbe", „labern", „pampig").
Die bisher beschriebene Entwicklung trifft im Wesentlichen für den west- und zentralholstei-

nischen Teil des heutigen Bundeslandes Schleswig-Holstein zu. Daneben sind jedoch drei Gebiete zu nennen, in denen ursprünglich statt des Niederdeutschen ganz andere Sprachen gesprochen wurden.

Friesisch im Nordwesten

Sylt- oder Amrum-Urlauber werden früher oder später damit konfrontiert: Man befindet sich in Nordfriesland, und hier ist eine Sprache heimisch, die mit dem Deutschen nur entfernt zu tun hat: das Friesische. Die Friesen siedelten im frühen Mittelalter aus ihren alten Siedlungsgebieten (zwischen Nordholland und der Weser) auf die Inseln und in die Küstengebiete der schleswig-holsteinischen Nordsee über. Dabei entwickelten sich diverse, untereinander sehr verschiedene Mundarten (siehe das Stichwort „Antertemanter"), die sich ursprünglich auf das Gebiet zwischen der dänischen Grenze und der Eidermündung erstreckten. Da einige dieser Dialekte in den letzten drei Jahrhunderten bereits aufgegeben wurden (meist wurden sie dabei durch das Niederdeutsche ersetzt), ist das nordfriesische Sprachgebiet heute deutlich kleiner.[8] Man schätzt, dass die Zahl der Friesischsprecher von ca. 30 000 im 19. Jahrhundert auf etwa ein Drittel zurückgegangen ist. Um dem etwas entgegenzusetzen, wird von Instituten wie der „Friisk Foriining" (Nordfriesischer Verein) oder dem „Nordfriisk Instituut" in Bredstedt versucht, das Friesische zu fördern und im

Schulunterricht zu vermitteln. Das Friesische gehört fest zur Sprachenvielfalt von Schleswig-Holstein und ist deshalb im Lexikonteil gebührend vertreten (siehe „Drampelsater", „Eike/Poleike", „Hed as en sked ...", „keef").

Dänisch im Norden

Neben dem Friesischen ist das Dänische schon seit vormittelalterlicher Zeit auf dem Gebiet des heutigen (nördlichen) Schleswig-Holsteins heimisch. In seiner mundartlichen Variante, dem Jütischen oder Sønderjysk, wurde es im Gebiet etwa nördlich einer Linie Husum-Schleswig gesprochen. Seit dem 19. Jahrhundert ist diese regionale Form des Dänischen auf deutscher Seite stark rückläufig und wird heute nur noch in wenigen Orten entlang der dänischen Grenze verwendet.[9] Auch hier ging man, wie in Nordfriesland, zunächst zum Niederdeutschen, dann zum Hochdeutschen als Sprechsprache über. Eine deutlich stärkere Präsenz hat heute das Reichsdänische, also die dänische Hochsprache, die auch in vielen Kindergärten und Schulen gelehrt wird. Aufgrund des jahrhundertelangen Sprachkontakts weist das Niederdeutsche des Landesteils Schleswig zahlreiche Einflüsse aus dem Dänischen und Jütischen auf (siehe „eem (öm)", „Fock", „fieken, Fük", „dat gafft", „redig").

Die Sprache der Petuhtanten

Wenn verschiedene Sprachen und Dialekte miteinander in Kontakt kommen, bilden sich immer auch Mischformen heraus. Das Kieler Missingsch wurde schon genannt als Beispiel für ein stark mit niederdeutschen Elementen durchsetztes Hochdeutsch. Noch vielfältiger ist eine Mischsprache, die sich in Flensburg herausgebildet hat: das sogenannte Petuhtanten-Deutsch oder einfach „Petuh". Der Legende nach soll diese Sprechweise vor allem von den älteren Damen verwendet worden sein, die zu Beginn des 20. Jahrhunderts mit ihrer Dauerkarte („Partoutkarte") täglich Butterfahrten auf den Fördedampfern unternommen haben. Sprachhistorisch betrachtet handelt es sich um eine Mischung aus Hochdeutsch, Niederdeutsch und (regionalem) Dänisch, deren Entstehung angesichts des dauerhaften Nebeneinanders der drei Sprachen nicht überraschen kann. Ähnlich wie das Kieler Missingsch wird auch das Petuh heute im Alltag nicht mehr verwendet, sondern nur noch im kulturellen Bereich. Geschichten auf Petuh bieten etwa die Bücher und CDs von Renate Delfs, und wer will, kann sich einem Petuh-Verein anschließen oder sich selbst per Wörterbuch die wichtigsten Grundkenntnisse aneignen.[10] Für Touristen wird in Flensburg sogar eine eigene Stadtführung auf „Petuh" angeboten.

Polabisch und Wagrisch

Neben den germanischen Sprachen Hochdeutsch, Niederdeutsch, Friesisch und Dänisch sind in der Geschichte Schleswig-Holsteins zwei weitere Sprachen wirksam gewesen, deren einstige Existenz man heute leicht übersehen kann: das Polabische und das Wagrische. Bis zum 11. Jahrhundert wurden diese westslawischen Sprachen von der slawischen Bevölkerung gesprochen, die etwa im Gebiet der heutigen Kreise Plön, Ostholstein, Segeberg und Herzogtum Lauenburg sowie im Lübecker Raum ansässig waren.[11] Nach der Eroberung dieser Gebiete durch die sächsischen Herzöge wurden gezielt Kolonisten aus unterschiedlichen Gebieten des niederdeutschen Sprachraums und aus den Niederlanden dort angesiedelt. So kam es einerseits zur Verdrängung der slawischen Sprachen, andererseits zu zahlreichen Sprachmischungen. Zum Beispiel wurde in den von ostfälischen Siedlern gegründeten Dörfern der Probstei lange Zeit ein Niederdeutsch gesprochen, das statt der holsteinischen Pronomina *mi* und *di* (‚mir/mich', ‚dir/dich') die ostfälischen Formen *mick* und *dick* aufwies. Slawische Einflüsse lassen sich dagegen nur noch in den Ortsnamen dieser Region nachweisen, etwa in den Namen auf *-au* (slaw. *-ow*) oder in Namen wie Lübeck („Liubice"), Plön („Plune"), Preetz („po rece" ‚am Fluss'), Eutin („Utin") und Ratzeburg (nach dem polabischen Fürsten Ratibor/Ratse).[12]

Mehrsprachenland Schleswig-Holstein
Schleswig-Holstein ist ein Mehrsprachenland par excellence – in der langen Geschichte

seiner Regionen wie auch heute. Das spiegelt
nicht zuletzt der in diesem Buch gesammelte
Wortschatz wider, der viel Friesisches, Däni-
sches und Niederdeutsches enthält. So ist in
der gesprochenen Alltagssprache Schleswig-
Holsteins manches aus den Einzelsprachen
der Regionen aufgehoben. Doch damit ist die
Sprachenvielfalt in Schleswig-Holstein immer
noch nicht vollständig benannt. Eine weitere,
seit Langem in der Region verankerte Minderheitensprache ist das Romanes (oder Romani),
eine indoarische Sprache, die heute von etwa
5000 Sinti und Roma gesprochen wird.[13]
Alle drei Minderheitensprachen (Dänisch,
Friesisch, Romanes) wie auch die Regional-
sprache Niederdeutsch werden seit 1998
durch die Charta der Regional- oder Minderheitensprachen geschützt und gefördert. Dennoch sind sie durch den Rückgang der Spre-
cherzahlen in ihrem Bestand mehr und mehr
gefährdet. In welchem Maße es gelingt, die
Sprachenvielfalt durch sprachpolitische Maß-
nahmen und durch Sprachvermittlung in Kindergärten, Schulen und Universitäten zu stabi-
lisieren, wird die Zukunft zeigen.

*Prof. Dr. Michael Elmentaler ist Professor für
deutsche Sprachwissenschaft an der Universität Kiel
mit dem Schwerpunkt Niederdeutsche Sprache und
Literatur.*

[1] Text aus: Althochdeutsche Literatur. Mit altniederdeutschen Textbeispielen. Auswahl mit Übertragungen und Kommentar. Hrsg. von Horst Dieter Schlosser. Berlin 2004, S. 134 f.

[2] Text aus: Hedwig Sievert: Die Kieler Burspraken. Mittelalterliches Leben im Spiegel alter Kieler Polizeiordnungen. Kiel 1953, S. 188 (dazu auch S. 162 f.).

[3] Text aus: Die Schleswig-Holsteinische Kirchenordnung von 1542. Hrsg. von Walter Göbell. Neumünster 1986, S. 82–85.

[4] Vgl. für Flensburg: Artur Gabrielsson: Die Verdrängung der mittelniederdeutschen durch die neuhochdeutsche Schriftsprache. In: Gerhard Cordes/Dieter Möhn (Hrsg.): Handbuch zur niederdeutschen Sprach- und Literaturwissenschaft. Berlin 1983, S. 119–153 (hier: S. 144 f. und Karte S. 149).

[5] http://www.landtag.ltsh.de/export/ sites/landtagsh/downloads/ infomaterial/kurzinfos/ Verfassung_ 2011.pdf, Stand 12.9.2012.

[6] Zitate aus: Nils Langer: Historical sociolinguistics in nineteenth-century Schleswig-Holstein. In: German Life and Letters 64 (2011), S. 169–187.

[7] Aus: Jochen Steffen: Kuddl Schnööfs achtersinnige Gedankens und Meinungens von die sozeale Revolutschon und annere wichtige Sachens. Hamburg 1972, S. 61 f.

[8] Vgl. die Farbkarten zum nordfriesischen Sprachgebiet in: Historischer Atlas Schleswig-Holstein. Vom Mittelalter bis 1867. Im Auftrag der Gesellschaft für Schleswig-Holsteinische Geschichte hrsg. von Jürgen H. Ibs, Eckart Dege und Henning Unverhau. Neumünster 2004, S. 131. Einen guten Überblick über die Geschichte des Nordfriesischen und den derzeitigen Stand gibt der Aufsatz von Nils Århammar: Das Nordfriesische, eine bedrohte Minderheitensprache in zehn Dialekten: eine Bestandsaufnahme (http://www. dialektforschung.phil. uni-erlangen.de/sterbendialekte, Stand: 12.9.2012).

[9] Einige südjütische Beispieltexte aus dem Angelner Raum bietet der Beitrag von Georg W. Saß: Angeldänische Sprachdokumente. In: Jahrbuch des Heimatvereins der Landschaft Angeln e.V. 69 (2005), S. 65–74.

[10] Vgl. die Hörbücher von Renate Delfs: Die Flensburger Petuhtanten (Hamburg 2002) und Die Petuhtanten und ihre Nachbarinnen (Hamburg 2008) und ihr Buch: Ohaueha, was'n Aggewars oder wie ein' zusieht un sprechen as die Flensburger Petuhtanten, 3. Aufl. Husum 1999. – Zu der jüngst gegründeten „Petuhschnacker"-Gruppe vgl. http:// petuhschnacker.de/ – Einen Einblick in den Petuh-Wortschatz bietet W. L. Christiansen: Petuh-ABC. 4. Aufl. Goldebek 2006.

[11] Zwei aufschlussreiche Farbkarten zu den Siedlungsverhältnissen im 9. bis 13. Jahrhundert bietet der Historische Atlas Schleswig-Holstein. Vom Mittelalter bis 1867. Im Auftrag der Gesellschaft für Schleswig-Holsteinische Geschichte hrsg. von Jürgen H. Ibs, Eckart Dege und Henning Unverhau. Neumünster 2004, S. 24f.

[12] Vgl. die ausführlichen Informationen in: Wolfgang Laur: Historisches Ortsnamenlexikon von Schleswig-Holstein. 2., völlig veränderte und erweiterte Aufl. Neumünster 1992.

[13] Vgl. die Informationen auf den Seiten der Landesregierung (mit einem Hörbeispiel): http://www. schleswig-holstein.de/Portal/ DE/LandLeute/Minderheiten/ RomaSinti/romaSinti_node.html, Stand 12.9.2012.

Bildnachweis

Volkert Bandixen, Bildagentur Huber (S. 225), Andreas Birresborn, Hartmut Buhmann, dapd, Marcus Dewanger, dpa, Kai Eckhardt, Michael Elmentaler, grafikfoto, Karl-Heinz Groth, Irmi Gürs, Timo Jann, JLTA, Karin Johannsen, Florian Käselau, Karl-May-Spiele Bad Segeberg, Gernot Kühl, Kurverwaltung Mölln, Peter Mai, Henrik Matzen, Georg Panskus, picture alliance, Michael Ruff, Kim Schmidt (Titelcartoon), SHMF, sh:z, Stadt Kappeln, Michael Staudt, syltpicture, Philipp Szyza, Bernd Unterberg, Wesel, Holger Widera, Folker Winkelmann, www.reit-bilder.de, Lars Zimmermann

Trotz aller Bemühungen ist es uns bei einigen Bildern nicht gelungen, die Urheberrechtsverwalter zu ermitteln. Wir bitten diese, sich gegebenenfalls mit uns in Verbindung zu setzen.

Literatur

Der Große Duden. Mannheim, Wien, Zürich: Dudenverlag. Bd. 1: Die deutsche Rechtschreibung (2009), Bd. 5: Das Fremdwörterbuch (1974), Bd. 7: Das Herkunftswörterbuch. Etymologie der deutschen Sprache (2007), Bd. 11: Redewendungen. Wörterbuch der deutschen Idiomatik (2008).

Mensing, Otto: Schleswig-Holsteinisches Wörterbuch, Band 1–5. Neumünster: Wachholtz, 1927.

Die Gedichte von Klaus Groth wurden zitiert nach: „Quickborn. Volksleben in plattdeutschen Gedichten von Klaus Groth." Meersburg, Leipzig: F. W. Hendel-Verlag, 1930.

Impressum

Bibliografische Information der Deutschen Nationalbibliothek Die Deutsche Nationalbibliothek verzeichnet diese Publikation in der Deutschen Nationalbibliografie; detaillierte bibliografische Daten sind im Internet über http://dnb.d-nb.de abrufbar.

ISBN 978-3-8319-0484-6

© Ellert & Richter Verlag GmbH, Hamburg 2012

Lektorat: Annette Krüger, Hamburg
Redaktion: Katharina Unteutsch, Hamburg, Katarina Wollherr, Hamburg
Gestaltung: BrücknerAping Büro für Gestaltung GbR, Bremen
Lithografie: SMS Scheer Medien Service GmbH, Bremen
Gesamtherstellung: CPI books GmbH, Leck
www.ellert-richter.de